AF261792

LE TEMPS PASSÉ

ET

LE TEMPS PRÉSENT

LE TEMPS PASSÉ

ET

LE TEMPS PRÉSENT

LE TEMPS PASSÉ

ET LE

TEMPS PRÉSENT

OU

L'ANCIEN ET LE NOUVEAU RÉGIME

MIS EN PARALLÈLE.

RENNES

TYPOGRAPHIE DE A. LEROY, RUE LOUIS-PHILIPPE, 1

1862

LE TEMPS PASSÉ

ET

LE TEMPS PRÉSENT

OU

L'ANCIEN ET LE NOUVEAU RÉGIME

MIS EN PARALLÈLE (1).

PRÉAMBULE.

Une classe de la société, en France, nous vante sans cesse le temps passé et voudrait nous y reporter. A l'entendre, nous aurions été pendant plusieurs siècles

(1) Le texte de cette brochure avait été écrit bien longtemps avant d'être livré à l'impression, à laquelle il n'avait pas été destiné. En changeant de résolution, l'auteur a pensé que quelqu'autre personne pourrait s'emparer du même sujet, qui alors serait traité comme il mérite de l'être. Le lecteur de cet opuscule est invité à couvrir de son indulgence les fautes de composition, de style ou toutes autres, qu'il y remarquera, que l'auteur y a remarquées lui-même, et qui l'ont parfois déconcerté au point d'en faire suspendre l'impression. Il s'est enfin décidé à le laisser se montrer avec toutes ses imperfections.

dans un véritable âge d'or, lorsque surgit la Révolution de 1789. Suivant elle, il n'y a plus que désordre, que confusion, car après avoir renversé le vieil édifice monarchique, on n'est parvenu à rien fonder, malgré tous les efforts des hommes d'Etat réputés les plus habiles, pour reconstituer le pays sur des bases solides et durables. On a eu recours successivement à toutes les formes de gouvernement connues de l'antiquité ou des peuples modernes : république pure, république tempérée, monarchie constitutionnelle, régime parlementaire, tout a été essayé et expérimenté, et ces diverses transformations politiques ont toujours été précédées de violentes commotions populaires. Ce n'a été qu'une série de cataclysmes qui ont tout ébranlé, tout bouleversé dans l'ordre moral ainsi que dans l'ordre matériel. Tant de désordres, tant de calamités, toujours dans l'opinion de la même classe, sont provenus de ce que l'on a abandonné le principe tutélaire du droit divin et celui de la légitimité que l'on avait fait découler du premier. Voilà les idées et les sentiments que professent et que manifestent les sectateurs ardents du temps passé ou de l'ancien régime. Leurs plaintes et leurs perpétuels regrets trouvent-ils donc leur justification dans les faits que l'histoire nous a transmis? Est-il vrai que la France soit moins puissante, moins éclairée, moins civilisée et moins heureuse qu'elle ne le fut il y a bientôt un siècle? Mon intention n'est pas, qu'on le sache bien tout d'abord, de ranimer des rivalités et des passions que je voudrais au contraire pouvoir éteindre entièrement et faire oublier pour toujours. Mon but, mon unique but (la tâche est ardue, j'en conviens, et sans doute au-dessus de mes forces), est d'ouvrir les yeux à ceux qui les tiennent obstinément fermés, de dissiper les préventions de quelques autres et de faire comprendre à ceux-là comme à ceux-ci qu'ils apprécient mal leur époque, qu'ils la calomnient.

Il en est qui sont entraînés dans un courant d'idées tout-à-fait opposées à celles que je viens de reproduire, qui abhorrent l'ancien régime sans restriction aucune pour ce qu'il pouvait avoir de bon et de raisonnable, qui aspirent à une liberté indéfinie, à une égalité absolue, par cela même impossible, et qui semblent ne pas s'apercevoir que l'exagération de leurs théories conduirait inévitablement à la licence, à la démagogie, c'est-à-dire à la destruction ou à l'anéantissement de tous les éléments de conservation et de prospérité d'une nation, au désordre le plus complet.

Ce sont ces partis extrêmes que je désirerais ramener à des sentiments plus modérés, plus conformes à ce qu'exige de nous le bien public ou la félicité générale, celle de la France entière, si belle, si riche de productions, si illustrée par les sciences, les arts, les lettres, l'industrie, le commerce et par la gloire militaire.

C'est en jetant mes regards d'abord sur le temps passé et en suivant la pente des siècles que j'arriverai au temps présent, et que je pourrai établir la comparaison entre l'un et l'autre, laquelle ressortira tout naturellement de la narration ou de l'exposition rapide autant qu'impartiale des faits les plus importants que l'histoire a recueillis (1). Avant de me livrer à cet examen rétrospectif, qu'il me soit permis de soumettre à mes lecteurs, si tant

(1) Ceux que je rapporte ont été puisés dans l'histoire de France de M. Amédée Gabourd qui mériterait, suivant moi, d'être mise dans les mains des élèves des lycées et des colléges. Abrégée, sans l'être trop, elle présente, à diverses époques, des résumés fort intéressants où l'auteur expose la situation politique, scientifique, littéraire et morale du royaume.

est que je doive en avoir, quelques considérations sur les principes qui sont la base des deux opinions politiques que je me propose de combattre dans ce qu'elles ont d'erroné ou d'exagéré, le principe de la légitimité et celui de la souveraineté du peuple qui, dans la réalité, dérivent d'une même source. Pour démontrer cette proposition qui, au premier abord, excitera peut-être l'incrédulité des hommes de parti, j'invoquerai deux maximes bien connues qu'on cite chaque jour sans se rendre bien compte de leur portée, sans en déduire les véritables conséquences. L'une est : *Omnis potestas a Deo*, toute puissance émane de Dieu, puisée dans les livres saints (1); la seconde : *Vox populi, vox Dei*, la voix du peuple est la voix de Dieu, qui peut avoir, qui a vraisemblablement la même origine (2). On peut les réduire à ceci : Rien n'arrive en ce monde que par la volonté ou la permission de Dieu. Les mauvais gouvernements et les révolutions ont le plus souvent pour cause les vices et les passions des princes ou des peuples. On peut y voir des châtiments que Dieu leur inflige en expiation de l'oubli ou de la

---

(1) *Reddite ergo quæ sunt Cæsaris, Cæsari, quæ sunt Dei, Deo* (S. Math., ch. 22, v. 21) :

« 1° *Omnis anima potestatibus sublimioribus subdita sit : non » est enim potestas nisi a Deo : quæ autem* sunt, *a Deo ordinatæ » sunt;*

» 2° *Itaque qui resistit potestati, Dei ordinationi resistit;*

» 3° *Ideo necessitate subditi estote, non solum propter iram, » sed etiam* propter conscientiam. » (Pauli Epist. ad Romanos, ch. 13, v. 1, 2 et 5.)

(2) On peut voir la consécration de la seconde maxime dans l'élection du roi Saül, et dans ce passage très-court de la Sainte Bible : « *Dicit autem Dominus ad Samuelem : Audi vocem populi in » omnibus quæ loquuntur tibi; non enim te abjecerunt, sed me, » ne regnem super eos.* » (Des Rois, liv. Ier, ch. 8, v. 7.)

violation de leurs devoirs les uns envers les autres. L'homme
a reçu du Créateur la raison et la notion du juste et de
l'injuste, et il est coupable s'il abandonne la voie qui lui
a été tracée ou s'il s'en écarte. Plus sa position est élevée,
et plus il est obligé à se montrer juste envers ses semblables.

Les deux maximes citées plus haut découlent, je le ré-
pète, de la même source, la volonté de Dieu. Je ne crains
pas d'affirmer que le principe de la légitimité n'est qu'une
conséquence du principe de la souveraineté du peuple.
Personne ne peut nier que les premiers chefs des nations
n'aient tous été élus expressément ou tacitement par les
peuples. Ce n'a été que plus tard, et pour prévenir les
désordres auxquels l'élection pouvait donner lieu, que
l'hérédité du pouvoir fut instituée. Ainsi, les deux principes se confondent en un seul; c'est toujours en défini-
tive la volonté populaire qui est dominante, *vox populi!
vox Dei!* et la légitimité n'est qu'une barrière que cette
volonté a cru utile de se poser à elle-même pour l'arrêter
dans ses écarts toujours si funestes, pour donner enfin
plus de stabilité aux gouvernements ou au pouvoir. Ma
conclusion à cet égard serait donc que les partisans de la
souveraineté du peuple et ceux de la légitimité devraient
se donner la main cordialement, au lieu de se détester et
même de se déchirer, comme cela est arrivé trop souvent.
Cet heureux rapprochement s'opérerait sans doute si ces
deux principes étant généralement admis, on savait les
maintenir dans de justes limites. Un seul monarque, en
Europe, les a reconnus comme bases de son pouvoir et
les proclame chaque jour dans l'intitulé des actes de son
gouvernement.

Je reviens à la thèse que je me suis posée et qui tend à prouver que le temps présent, à tous les points de vue, n'a rien à redouter de la comparaison qu'on en peut faire, en France, avec le temps passé.

Je ne remonterai pas au-delà de la dynastie Carlovingienne, sans même m'y arrêter beaucoup, car ma tâche serait par trop facile si je portais plus loin mes investigations.

Carlovingienne
2-996).

Depuis quelque temps, les maires du palais gouvernaient l'Etat sous le nom des rois. Il y a eu, comme on sait, une série de monarques de la première dynastie à qui l'on a infligé la qualification flétrissante de *rois fainéants*. Un d'eux, Childéric III, c'est ainsi que l'histoire le désigne, existait encore lorsque Pépin-le-Bref s'empara du pouvoir royal. Assurément, il y avait là, aux yeux des partisans absolus du principe de la légitimité, une usurpation bien caractérisée, bien manifeste ; cependant, il n'y eut aucune résistance ostensible, soit de la part des grands seigneurs, soit de celle du peuple, et, ce qui est plus étonnant, saint Boniface sacra le nouveau monarque qui, plus tard, reçut une seconde fois l'onction royale du pape Etienne II, venu en France pour implorer le secours de ce prince contre Astolphe, roi des Lombards (en 754). Le même pape sacra aussi les deux fils de Pépin, ainsi que sa femme, la reine Bertrade. Après deux victoires remportées sur le roi des Lombards, Pépin dota Sa Sainteté des provinces ou du territoire appelé depuis le patrimoine de saint Pierre. C'est de cette époque, il est bon de le faire remarquer, que date la puissance temporelle des papes. Voilà donc le chef de la religion catholique qui consacrait l'usurpation de l'autorité royale dans la personne de Pépin-le-Bref et des princes ses fils. Je ne retracerai point ici l'histoire de la dynastie Carlovingienne, qui, après Charlemagne dont elle a emprunté le nom, et qui mérita bien celui de *grand*, ne donna à la France, si on en excepte Louis-le-Débonnaire, que des rois bien peu dignes de la gouverner. Je me bornerai à faire observer que Louis-le-Débonnaire eut la douleur d'être réduit à combattre ses propres fils révoltés contre lui et s'efforçant de le détrôner. Personne, assurément, n'oserait avancer que sous cette dynastie la France fût plus heureuse qu'aujourd'hui, tout en reconnaissant le haut degré de puissance auquel l'avait élevée Charlemagne, qui, comme homme de guerre et comme législateur, doit être placé au-dessus de tous nos rois, surtout quand on se reporte au temps où il a régné. Si on soutenait l'opinion contraire à celle que je viens d'émettre, il faudrait convenir que la prospérité de notre pays, à cette époque si reculée, fut l'œuvre d'un *usurpateur* et de son fils. — Je me hâte d'arriver à la troisième race de nos rois, à la dynastie Capétienne. Voyons quelle fut son origine, et, pour abréger, je ne dirai rien de l'institution de la féodalité, qui, comme principe d'ordre, pouvait avoir de bons résultats, mais qui devint bientôt la source des plus déplorables désordres.

La race Carlovingienne, dégénérée, s'éteignait lorsque Hugues-Capet, homme d'une haute et incontestable capacité, s'empara du pouvoir au préjudice de Charles de Lorraine, à la vérité déclaré indigne de la couronne, parce qu'il s'était reconnu vassal d'un souverain étranger. Cette prétendue indignité ne fut, au reste, qu'un prétexte pour légitimer une usurpation. Hugues-Capet, quoique élu tacitement, sinon formellement, n'en fut pas moins, aux yeux des légitimistes, un usurpateur. Il faut bien le reconnaître, c'est ainsi que commencent les nouvelles dynasties, et presque toujours aussi d'une façon brillante, parce qu'à moins de circonstances qui se présentent rarement, il n'y a que les hommes d'une supériorité marquée auxquels il soit donné de parvenir, sans antécédents, à la position de chef d'une grande nation, que ce soit sous le titre de roi, d'empereur ou sous tout autre.

La dynastie Capétienne a régné sur la France depuis l'année 996 jusqu'à l'année 1793 (1) (de regrettable mémoire), c'est-à-dire pendant près de huit siècles. Elle a donné à la France trente-deux rois, savoir : la branche Capétienne, quatorze ; la branche des Valois, sept ; la branche des Valois-Orléans, six, et la branche des Bourbons, cinq. Examinons quel fut l'état de la France sous cette longue série de monarques, et je ne le ferai que d'une manière générale, car mon but, comme je l'ai dit, n'est pas d'écrire notre histoire, mais seulement d'établir une comparaison entre le temps passé et le temps présent. Y a-t-il eu sous le gouvernement de la dynastie Capétienne plus de puissance, plus de tranquillité, plus de prospérité, plus de sécurité, plus de bonheur enfin, pour la France, pour toutes les classes de sa population, que de nos jours ?

Il faut d'abord avoir une idée exacte de ce qu'était la France lorsque Hugues-Capet s'empara du pouvoir royal. Alors, la France, proprement dite, comprenait le Maine, l'Anjou, la Touraine, l'Orléanais, presque toute l'Ile-de-France et le sud-ouest de la Picardie jusqu'à la Somme ; mais, insensiblement, ce royaume de si peu d'étendue fut encore amoindri, et lorsque mourut Philippe Ier (1108), ses États ne se composaient guère que des comtés de Paris, de Melun, d'Etampes, d'Orléans, de Sens et de

____

(1) Dès le 10 août 1792, l'Assemblée législative avait prononcé la déchéance provisoire de Louis XVI.

Bourges (*Histoire de France* de M. Amédée Gabourd, tome Ier, page 381). C'était à peine le vingtième de la France actuelle.

A cette époque, la France n'était certes pas bien puissante, et on peut ajouter qu'elle n'était pas heureuse. Sous les premiers rois Capétiens, leur pouvoir était presque effacé devant celui des grands vassaux de la couronne. Henri Ier trouva des ennemis, au sein même de sa famille, dans Constance, sa mère, et dans ses frères Robert et Eudes. Il fut réduit à fuir de Paris. C'était bien là une révolution de palais et un bien funeste exemple donné au peuple qui souffre quelquefois beaucoup avant de recourir à un remède extrême, avant de secouer un joug devenu trop pesant. Le principe de légitimité n'était donc pas toujours respecté par ceux-là même qui avaient le plus d'intérêt à ce qu'il le fût. Le prince Eudes, que je viens de nommer, fut vaincu plus tard par le roi, et mis en prison; mais, rendu à la liberté, il parcourut le royaume à la tête d'une bande de brigands. La mort seule mit un terme à ses excès. Sous le règne du même prince, Henri Ier, une horrible famine avait plongé le pays dans la plus profonde misère; mais ce ne fut pas la seule calamité de l'époque. Ecoutez l'historien déjà cité (t. Ier, p. 364) : « Les évêques et le clergé entreprirent d'adoucir les maux » que l'anarchie féodale faisait endurer à la société. » Chaque seigneur prétendait avoir le droit de se faire » justice à main armée, et ce n'était par toute la Gaule » que pillages, combats, incendies et dévastations. Les » évêques parvinrent à établir une sorte de police de » guerre qu'on appela *la paix du Seigneur*, et plus tard » *la trève de Dieu*. Par cette règle, il fut convenu que, » depuis le mercredi soir de chaque semaine jusqu'au » lundi matin de la semaine suivante, il y aurait paix et

Henri Ier
(1034-1060).

» suspension d'armes entre tous les seigneurs et leurs
» vassaux ; ceux qui contrevenaient à cette décision furent
» excommuniés. Ce palliatif rendit plus tolérable l'ORDRE
» social de ce temps et épargna de grands crimes. »
Remercions, au nom de l'humanité tout entière, les
évêques à qui fut due cette trève de Dieu, quelqu'im-
parfaite qu'elle fût ; mais n'oublions pas les épouvantables
excès qui y donnèrent lieu, non plus que les auteurs de
ces excès. Je ne m'appesantirai pas sur le règne de
Philippe Ier, bigame et deux fois excommunié ; je ferai
seulement remarquer que sous ce roi la puissance des
papes s'éleva au plus haut degré, et qu'on vit commencer
les Croisades, dont le but fut plus politique encore que
religieux. Sous la féodalité, qui alors était dans toute sa
force, les chefs et les membres du clergé se trouvaient
réduits à la condition de simples vassaux des rois et des
seigneurs, contraints de leur obéir à ce titre, et sans
cesse placés entre leur conscience et leurs obligations
temporelles. Un pareil état de choses menaçait de devenir
plus grave, et il était urgent d'y porter remède (même
historien, tome Ier, page 370). La religion catholique était
exposée à d'autres dangers plus grands et plus imminents,
car les Barbares de l'Asie, le glaive d'une main et le Coran
de l'autre, se précipitaient sans relâche vers l'Occident
et le Nord, par Constantinople et par Gibraltar, pour
conquérir l'Europe chrétienne ; si une digue n'était pas
opposée à ce torrent, l'Europe tout entière allait être
plongée dans les misères d'une invasion de Barbares sans
que son état politique et son système religieux fussent
assez forts pour résister et sauver du naufrage les débris
de la civilisation occidentale.

Les papes, placés à un point de vue assez élevé pour
discerner et connaître la situation et les besoins du monde,

durent chercher les moyens d'y satisfaire. De là une des causes de cette prépondérance qu'exerça la papauté sur toutes les couronnes ou les souverains de ce temps, et de là aussi l'origine des Croisades. Le pape Gerbert, Sylvestre II, entra le premier d'un pas ferme dans cet ordre d'idées, mais tout ce qu'il y eut d'énergique et de vraiment fort dans ce rôle des papes fut révélé sous le pontificat du moine de Cluny (Hildebrand), parvenu à la chaire de Saint-Pierre sous le nom de Grégoire VII. Ce pape, d'une âme héroïque et d'une persévérance à toute épreuve, conçut le projet de s'élever au-dessus de toute puissance temporelle. Dans cette vue, et avec une force de volonté qui de nos jours est demeurée un problème insoluble, il agit comme si les rois n'eussent été que ses vassaux, leur enlevant la couronne lorsqu'ils avaient failli, leur défendant toute intervention dans le domaine de l'Eglise, toute *simonie* et tout pouvoir spirituel sur le clergé; leur commandant de la part de *Dieu tout-puissant*, *Père*, *Fils et Saint-Esprit*, et par l'autorité de saint Pierre, prince des Apôtres (même historien, tome Ier, pages 373 et 374). Je me suis laissé aller à ces citations très-incomplètes, parce que, quoique les circonstances soient bien différentes, les idées du clergé d'aujourd'hui sont encore empreintes de celles de la fin du xie siècle, et plus particulièrement de celles de Grégoire VII. Il est curieux de lire dans la même histoire, tome Ier, page 374, aux notes, la peine infligée par ce pape à Henri IV, empereur d'Allemagne.

On pourrait m'objecter que je suis remonté à des temps trop éloignés de nous; je vais donc, sans m'arrêter aux deux premières Croisades, organisées sous les pontificats d'Urbain II et d'Eugène III, et sans les apprécier au point de vue de la politique et du bien-être de la nation,

retracer rapidement, en ce qu'ils se rattachent à la thèse
que je soutiens, les faits les plus importants de notre
histoire sous les deux branches des Valois, pour arriver
à celle des Bourbons. Je franchis donc un espace ou une
période d'environ trois siècles, durant lesquels de grands
événements s'accomplirent et changèrent jusqu'à un
certain point la face de la monarchie, sans qu'on lui eût
donné des bases fixes, des institutions propres à la garantir
de nouveaux troubles intérieurs.

VI dit de Valois
S-1350).

n-le-Bon
0-1364).

V dit le Sage
4-1380).

Sous Philippe de Valois, la France fut envahie par
Edouard III, roi d'Angleterre. Le combat naval de l'Ecluse
et la bataille de Crécy furent deux grands coups portés
à la puissance du royaume. Le règne de Jean, dit le Bon,
fut désastreux. Sa captivité eût coûté bien cher à la France
si les Etats généraux n'avaient pas eu le courage de rejeter
le traité honteux qu'il avait conclu avec le même
Edouard III. C'est sous ce règne qu'eut lieu la guerre
civile connue sous le nom de la *Jacquerie.* Les paysans de
la Picardie, de la Champagne et de quelques autres provinces voisines de la capitale, exaspérés par de longues
calamités, dépouillés, ruinés, affamés par les chevaliers
et les nobles, se livraient contre eux aux plus horribles
vengeances. On en fit partout une affreuse boucherie. La
paix de Bretigny fit perdre à la France plusieurs provinces. Le royaume, bien affaibli, se trouvait dans un
déplorable état à l'avénement de Charles V dit le Sage.
La prudence de ce prince rendit un peu de calme au pays
qui, néanmoins, eut à souffrir des ravages qu'exercèrent
dans les provinces des bandes de soldats licenciés, désignés
sous le nom de grandes compagnies. Plus tard, on eut à
soutenir contre les Anglais des guerres qui, malgré les
désastres qu'elles firent éprouver aux provinces, furent
glorieuses par les succès obtenus et dûs la plupart au

connétable Duguesclin. Le schisme qui se produisit à la mort de Grégoire XI fut l'occasion de grands troubles en France et dans toute l'Europe. Charles V échoua dans la tentative qu'il fit pour réunir la Bretagne à la couronne. En résumé, son règne fut glorieux, et s'il ne donna pas du bonheur à la France, il lui rendit le rang et la puissance qu'elle avait perdus sous Philippe de Valois.

Le règne de Charles VI, dit l'historien que j'ai déjà cité plusieurs fois, est la plus funeste période de notre histoire; jamais la France ne se vit réduite à de plus affreuses misères : guerres civiles acharnées, exactions, massacres, trahisons, assassinats, toutes les calamités s'y trouvent réunies, et ce qu'il y a de plus affligeant, peut-être, c'est que par les ordres d'un pape, Urbain VI, la reine Jeanne, de Naples, fut *étranglée* parce qu'elle avait adopté pour lui succéder, Louis, duc d'Anjou, oncle de Charles VI. Que l'on me pardonne de copier ici quelques passages de l'ouvrage de M. Gabourd, après la folie du roi qui donna lieu à une régence. « La reine Isabeau de Bavière avait
» été associée à la régence, mais son intervention n'était
» guère propre à calmer les maux du pays. Cette femme
» ne songeait, comme les princes, qu'à pressurer la France
» en attendant le moment de la vendre; elle préludait à
» la trahison par *l'adultère* et *l'inceste*. »

Une lutte s'engagea entre le parti des Bourguignons et celui des Armagnacs. « De part et d'autre, dit l'historien,
» ce furent des proscriptions et des massacres. On fit
» couler des fleuves de sang. Tantôt les riches et les nobles,
» qui tenaient pour la cour, se virent opprimés et pros-
» crits; tantôt la faction qui se disait populaire fut livrée
» à de cruelles représailles. Le cordelier Jean Petit, doc-
» teur de l'Université, fit publiquement l'apologie de
» l'assassinat du duc d'Orléans. Il prêcha que le *tyrannicide*

» était permis. Les soldats armagnacs désolaient les cam-
» pagnes; les Bourguignons trouvèrent un appui dans un
» ramas de garçons bouchers et d'écorcheurs qui, sous
» le nom de *cabochiens*, se livrèrent aux plus effroyables
» excès. » Pour comble de malheur, la France fut envahie
par Henri V, roi d'Angleterre, qui s'en fit proclamer
roi dans Paris même. Il faut lire dans tous ses détails
l'histoire du règne de Charles VI pour avoir une idée
complète de l'état d'abjection, de misère et de barbarie
dans lequel était tombée la France.

A la mort de Charles VI, en 1422, un héraut d'armes
cria : Le roi est mort! Vive Henri de Lancastre, roi de
France et d'Angleterre!

La plus grande partie du royaume était conquise, la
capitale reconnaissait un roi anglais, sous le nom de
Henri VI, et un parlement sanctionnait toutes ces hontes,
tandis que le roi légitime, successeur de Philippe-Auguste
et de saint Louis, déclaré traître et rebelle, errait dans
les provinces du Midi, mendiant quelques sympathies pour
ses droits méconnus et sa couronne usurpée. C'était, dit
l'historien que je prends pour guide, un jeune homme
de dix-neuf ans, *livré aux plaisirs*, dépourvu d'expérience
et incapable de triompher par lui-même de tant d'obstacles.

Le jeune Charles VII, lorsqu'il apprit la mort de son
père, était au Puy-en-Vélay. Il se fit reconnaître roi par
les seigneurs de sa suite et couronner dans une petite
église. Il fallut un miracle pour le mettre en possession
de la couronne et du royaume, et ce miracle, comme on
le sait, fut opéré par l'intermédiaire d'une jeune bergère,
Jeanne-d'Arc, connue dans l'histoire sous le nom de
Pucelle d'Orléans. Lorsqu'il fut à peu près maître de ses
Etats, des seigneurs, mécontents des réformes qu'il intro-
duisit dans l'armée, se soulevèrent contre lui, ayant à

leur tête le dauphin Louis. Le roi triompha de cette rébellion, dite la *Praguerie*. Plus tard, le dauphin son fils, mécontent de l'empire qu'Agnès Sorel exerçait sur son père, s'était, depuis 1446, retiré de la cour. Charles VII, dit l'historien Gabourd, ne manqua ni de talents, ni de prudence, ni de politique; mais l'amour des plaisirs, la licence de ses mœurs et sa lâche ingratitude envers Jeanne-d'Arc, sont pour sa mémoire des taches ineffaçables. C'est à lui qu'on doit l'établissement d'une armée régulière et permanente. Ce fut pour nos rois un puissant instrument qui les affranchit plus que jamais des *agressions* et des *rivalités féodales*.

Chaque fois que la France a été attaquée par l'étranger et l'anarchie, exposée au pillage et aux excès de la force, nous l'avons vue se tourner vers le trône de ses rois et leur demander des garanties contre les dangers du dedans et du dehors. Si les rois ont été assez forts ou assez habiles pour répondre dignement à cet appel, l'ordre a été rétabli à l'intérieur, la prospérité a rayonné sur tous les points, tandis que les ennemis ou les Barbares ont été repoussés au-delà des frontières. Par suite de cette intervention salutaire de la couronne, le pouvoir royal s'est développé, appuyé d'une part sur la victoire, de l'autre sur l'amour des peuples. Mais, quand les rois ont été impuissants et incapables, leurs prérogatives et les éléments du bonheur public ont simultanément décru; alors aussi la féodalité a grandi parallèlement avec les misères publiques, non pour les exploiter à son profit ou pour les aggraver, mais parce qu'il faut bien que le pouvoir et la force se portent quelque part pour le salut commun (1).

(1) Le lecteur jugera si cette dernière appréciation, en ce qui regarde la féodalité, est bien en harmonie avec les faits historiques reproduits par M. Gabourd lui-même.

Ceci est extrait de l'ouvrage de M. Gabourd, et je regrette de ne pouvoir, sans m'écarter de mon plan, reproduire toutes les observations de cet historien sur l'état de la monarchie à cette époque, et qui sont comme le préambule du règne de Louis XI. Sous ce roi, en 1461 et années suivantes, le royaume se composait de vingt-sept provinces, mais près de la moitié d'entre elles étaient encore gouvernées à titre de fiefs ou de souverainetés particulières. La famille de Bourgogne étendait son pouvoir sur cinq, en y comprenant la Franche-Comté, et il faut y ajouter tout le territoire des Pays-Bas modernes : Hollande et Belgique. Le chef de cette maison contrebalançait la puissance royale. On peut d'après cela se faire une idée de l'état d'abaissement de la couronne.

Ce n'est pas tout, la Bretagne était gouvernée par un duc particulier, sous la suzeraineté presqu'illusoire des rois de France. La maison d'Anjou était à la fois maîtresse de cette province, du Maine, de la Lorraine et de la Provence, et il en était de même d'autres seigneurs qui, moins puissants, n'étaient pas pour cela plus soumis au roi, leur souverain et suzerain, et tendaient, pour leur part, à rendre au système féodal son antique prépondérance. Le roi, quoiqu'il en fût le chef en apparence, était l'obstacle à l'accomplissement de leurs vœux, et par suite l'ennemi commun que cette féodalité avait à combattre. Telle était, et j'abrège beaucoup, la situation de la France au commencement du règne de Louis XI. Les rois de France ne trouvaient de véritables forces qu'en se rattachant aux classes inférieures de la nation, que révoltaient l'oppression et les exactions des grands seigneurs. Ceux-ci comprirent ce qu'ils avaient à redouter du fils de Charles VII, et l'un d'eux, Dunois, l'annonça en ces termes à la noblesse assemblée : « *Le roi, notre*

» *maître est mort; que chacun songe à se pourvoir.* »

Prince profondément dissimulé, cruel et superstitieux (c'est toujours le même historien qui parle), Louis XI se proposa pour mission d'humilier les grands, d'affranchir la royauté de toute gêne féodale et de mettre sa couronne si haut qu'il n'y eût bras de vassal assez fort ni assez grand pour y atteindre. Il n'épargna rien pour parvenir à ce but.

Ce fut, malgré ses défauts et même ses crimes, l'un des princes les plus habiles et les plus populaires (dans l'acception étroite de ce mot) qui aient régné sur la France. Cruel envers les grands seigneurs qui lui résistaient, il ne ménagea pas le peuple. Ayant à peu près doublé les impôts, quelques soulèvements éclatèrent dans les villes ; mais les mécontents furent contenus par des supplices. — Sous le prétexte de secourir le peuple , les ducs de Bretagne, de Bourbon, de Charolais, Dunois et les autres grands seigneurs vassaux , *formèrent contre le roi* une coalition qu'on appela *ligue du bien public.* Une grande bataille, livrée à Montlhéry , fut sans aucun résultat et suivie d'un traité honteux pour le roi qui, avec sa duplicité ordinaire, sut en éluder les conséquences. Les seigneurs n'ayant songé, dans les stipulations particulières à chacun d'eux, qu'à leurs propres intérêts sans s'occuper de soulager le peuple, une autre ligue se forma entre le roi et les communes, laquelle prit le nom de *ligue du mal public.*

Louis XI parvint, par ses intrigues, à jeter la discorde et la désunion parmi les grands vassaux, afin d'en avoir plus facilement raison. Le duc de Berry, frère du roi, était au nombre des seigneurs rebelles ; ce prince mourut après avoir mangé une pêche empoisonnée, et on a pensé que le roi son frère n'avait pas été étranger à ce crime.

Voilà ce que rapporte l'histoire, dont je ne suis que l'écho ou le copiste.

Quelque temps après, Louis XI, qui tramait une perfidie, suivant sa coutume, contre Charles-le-Téméraire, duc de Bourgogne, fut jeté par celui-ci dans une prison. Pour recouvrer sa liberté, il souscrivit le plus honteux traité, dont l'un des articles portait qu'il aiderait le duc Charles à réduire la ville de Liège qui avait été soulevée contre ce dernier par le roi. Ce rôle humiliant fut accepté par Louis XI, et, ajoute l'historien, ce ne fut pas le seul affront qu'il eut à endurer. Enfin, tout froissé d'opprobres, il revint à Paris méditant les moyens de se venger. Il convoqua les notables, à qui il fit déclarer nul, comme ayant été imposé par la force et la trahison, le traité qu'il avait conclu à Péronne avec Charles-le-Téméraire.

Les hostilités recommencèrent. Louis XI eut à combattre à la fois les Anglais, les Lorrains, les Bourguignons, enfin la féodalité et l'étranger. Charles-le-Téméraire étant entré de vive force dans la ville de Nesle, en fit massacrer la garnison ; les habitants se réfugièrent vainement dans les églises, l'impitoyable duc de Bourgogne les fit égorger au pied des autels. Voilà quelles étaient les mœurs du temps, sur la fin du xve siècle ! Louis XI, qui fut néanmoins un grand roi, ne recula devant aucun moyen ni devant aucune mesure pour affaiblir la puissance des seigneurs. Il sacrifia à ses projets le connétable de Saint-Pol, son beau-frère, et lui fit trancher la tête à Paris. Le duc de Nemours, de la maison d'Armagnac, fut enfermé dans une cage de fer, mis à la question et décapité. C'était l'égalité devant le roi, en attendant l'égalité devant la loi, l'un des fruits de la civilisation moderne (même histoire, tome 2, pages 208, 210 et 211).

Quand les princes du sang, quand les plus grands seigneurs portaient leur tête sur l'échafaud ou languissaient dans des cages de fer, il ne prenait à aucun vassal l'envie de jeter le gant à la royauté... Personne n'ignorait que quiconque avait le malheur de faire ombrage au prince était désigné par lui au justicier Tristan, puis cousu dans un sac et jeté à la rivière. Sur chacun de ces cercueils, abandonnés aux flots, étaient écrits ces mots sinistres : *Laissez passer la justice du roi* (*ibidem*, page 112). Louis XI se faisait un jeu de violer tous ses serments, à l'exception de ceux qu'il prêtait sur la croix de saint Lô ; il croyait que, pour ce dernier cas, le parjure devait mourir dans l'année. Effrayé de ses crimes, il croyait apaiser la justice de Dieu lorsqu'avant de les commettre il en demandait pardon.

J'aurais dû peut-être m'étendre un peu plus sur le règne de ce roi qui eut à la fois, dit l'historien Gabourd, plusieurs des vices de Tibère et plusieurs des vertus de Charlemagne ; mais, je sens que j'ai besoin de marcher plus rapidement, en abrégeant beaucoup l'histoire à laquelle je renvoie ceux de mes lecteurs qui voudront s'instruire plus à fond de ce qu'était la France des siècles passés et qui ont précédé le xvie, auquel je suis près d'arriver.

Sous Charles VIII, fils de Louis XI, une réaction eut lieu autour du trône ; les princes et les seigneurs relevèrent leurs têtes courbées sous le sceptre de plomb de ce dernier roi. Louis, duc d'Orléans, qui plus tard parvint à la couronne, fut l'âme et le bras de cette conjuration. Qu'on le remarque bien, ce n'est pas le peuple qui s'insurge contre le pouvoir royal, ce sont les princes et les grands seigneurs. A qui en appela-t-on ? Aux Etats généraux qui furent réunis. Le seigneur de la Roche, député de la

noblesse de Bourgogne, y prononça les paroles suivantes :
« S'il s'élève quelques contestations relatives à la succes-
» sion royale et à la régence (et l'on sait qu'à cette
» époque Anne de France en avait été investie par son
» père Louis XI), à qui appartient-il de les décider, sinon
» à ce même peuple QUI *a d'abord élu ses rois*, qui leur
» a conféré toute l'autorité dont ils se trouvent revêtus
» et en qui réside *foncièrement* la souveraine puissance?
» Car un Etat ou un gouvernement quelconque est la
» chose publique, et la chose publique est la chose du
» peuple. »

Certes, ajoute l'historien, peu suspect d'un libéralisme
exagéré, quand de nos jours on lit un pareil discours
prononcé en 1484, on est bien obligé de reconnaître que
ce qu'on appelle aujourd'hui la souveraineté nationale
n'est point une invention moderne, et que la liberté,
même sous l'ancienne monarchie, était souvent reconnue
en principe. Ceci est bon à constater pour l'instruction de
ceux qui la regardent comme une découverte de notre
temps, et qui, à force d'ignorance, se dispensent de
toute reconnaissance pour le passé.

La régente qui, pour résister à la ligue des princes et
des seigneurs, avait eu recours aux Etats généraux,
dédaigne de les convoquer de nouveau, après qu'elle n'a
plus rien à craindre des conspirateurs.

Mécontent de la décision des Etats généraux, le duc
d'Orléans prit les armes; le roi l'obligea à se soumettre.
L'année suivante, ce prince ambitieux leva de nouveau
le drapeau de la révolte, et beaucoup de seigneurs sui-
virent son exemple. Voilà le respect que les princes et les
grands avaient pour le pouvoir royal, pour la couronne.
Cette révolte donna lieu à une guerre civile.

Pour prévenir une guerre au dehors, Charles VIII cède

à la maison d'Autriche la Franche-Comté et l'Artois; et, pour capter l'amitié du roi d'Aragon, il lui rendit le Roussillon et la Cerdagne, démolissant ainsi, sans nécessité et sans honneur, l'édifice si laborieusement élevé par Louis XI son père.

Une grande expédition armée en Italie n'eut aucun bon résultat. Le mariage de Charles VIII avec Anne de Bretagne prépara la réunion de cette province au royaume, laquelle ne fut réellement effectuée que sous le règne suivant. Avec ce prince s'éteignit la première branche des Valois.

Il eut pour successeur Louis XII, dit le Père du peuple. C'était ce même prince qui s'était mis en révolte plusieurs fois contre son prédécesseur.

Louis XII
(1498-1515)

Ce qu'il y a de plus curieux et de bien déplorable sous ce règne, c'est de voir un pape, Jules II, faire la guerre et combattre en personne, couvert de la cuirasse, au milieu de ses armées. Le chef suprême d'une religion d'amour et de paix devrait-il jamais verser le sang des hommes et prendre une part active aux luttes entre les souverains et leurs peuples ?

Voici le jugement que l'histoire porte sur Louis XII :

Il était doué de qualités fort précieuses; il était bon, clément, économe et juste. On doit lui reprocher d'avoir le premier établi la vénalité des charges et des offices judiciaires. Les guerres d'Italie appauvrirent la France, sans être pour elle une source de beaucoup de gloire. Ces expéditions aventureuses furent toutes entreprises pour des querelles de princes ou pour soutenir des prétentions étrangères au repos et au bonheur du peuple, qui en fit les frais et en porta la peine. Sans s'écarter de la politique de ses prédécesseurs à l'égard de l'aristocratie féodale, il évita de lui porter de rudes atteintes; mais les guerres d'Italie affaiblirent la noblesse en la décimant et en l'appauvrissant aussi.

Il y avait eu quelques progrès en politique dans le xve siècle. A la monarchie féodale, qui trop souvent devenait de l'anarchie, avait succédé la monarchie des Etats généraux; mais ceux-ci n'étaient convoqués et réunis que suivant le bon plaisir des rois qui ne se regardaient point comme liés par les décisions de ces assemblées. Tout pour elles, à moins de circonstances graves, se bornait en quelque sorte à des remontrances, à des avertissements. Le pouvoir royal demeurait donc absolu comme auparavant.

François Ier, dit le Père des lettres, était possédé comme ses prédécesseurs de la funeste *manie* des conquêtes ; il était de plus avide de gloire militaire et de toute sorte de renommée. Son règne fut en quelque façon inauguré par une éclatante victoire remportée à Marignan (ou Marignano) sur les Suisses au service des Milanais. Ce prince, qui fit preuve d'une grande bravoure, conclut peu après, avec le pape Léon X, un concordat par lequel la pragmatique sanction fut abolie et les annates rétablies. Avec François Ier commença en France une période de deux siècles pendant lesquels la monarchie, au lieu d'être limitée par les Etats généraux ou par les Parlements, fut, à peu de chose près, gouvernée sous le bon plaisir des rois. Engagé dans une série de guerres, il fut fait prisonnier à la bataille de Pavie, et, pour reconquérir plus promptement sa liberté, il conclut le traité de Madrid, bien honteux pour la France, traité contre lequel il protesta en secret ; mais (dit l'historien) un manque de foi peut-il effacer une tache ? On peut dire que c'était ajouter à un déshonneur un déshonneur plus grand. Les notables assemblés à Cognac déclarèrent nul le traité de Madrid.

La guerre fut rallumée par François Ier, sous le nom de *Ligue sainte*. Les résultats en furent encore désastreux pour la France qui, par le traité de Cambrai, perdit deux provinces, l'Artois et la Flandre, plus deux mille écus d'or, prix de la rançon des deux princes, fils du roi, qui avaient été laissés pour ôtages. Ceci se passait en 1530.

Quinze mille brigands d'Allemagne, la plupart anabaptistes, ayant à leur tête le connétable de Bourbon, traître à sa patrie, pour se venger d'actes d'injustice envers lui, couvrirent de sang, de ruines et de dévastations les riches plaines de l'Italie septentrionale. Les églises furent pillées et profanées, les villages incendiés, et Rome elle-même tomba au pouvoir de ces fanatiques qui durant sept jours entiers se livrèrent aux horreurs les plus épouvantables. Les Barbares n'avaient jamais amoncelé tant de ruines sur l'Italie, et Rome eut à regretter les Goths et les Vandales. Le connétable de Bourbon n'était plus là pour arrêter le cours de tant de profanations odieuses et sacriléges : il était mort en montant à l'assaut, laissant un nom justement flétri par l'histoire.

En même temps que François Ier faisait en France des efforts pour comprimer le progrès des hérésies, sa politique au dehors était indigne d'un fils aîné de l'Église par ses alliances avec les princes protestants de l'Allemagne, avec Soliman, empereur des Turcs, et enfin avec Henri VIII, roi d'Angleterre, alors que ce prince, brûlant d'obtenir un divorce à l'abri des censures de Rome, séparait son royaume de l'Église et s'efforçait d'opérer, par le glaive et par les échafauds, l'une des plus grandes révolutions religieuses qui aient attristé le monde catholique. Charles-Quint tout-puissant eût pu conquérir la France ; il se borna à faire envahir la Provence par ses armées. Celles de

François Ier n'étant guère en état de lutter contre elles ; le roi prit une résolution désespérée : par ses ordres, toute la Provence, des Alpes à Marseille et de la mer au Dauphiné, fut dévastée avec une inflexible sévérité par le maréchal de Montmorency. Villages, fermes, moulins, tout fut brûlé, toute apparence de culture fut détruite. L'armée impériale se consuma vainement sous les murs de Marseille et fut enfin obligée de se retirer. Dans sa retraite, elle perdit beaucoup de monde au passage des Alpes. Durant cet intervalle, François Ier enleva ses Etats au duc de Savoie ; mais la Picardie et la Champagne furent saccagées par les troupes de Charles-Quint (1535-1538).

Un traité de paix conclu entre les deux monarques, et bientôt violé par Charles-Quint, fut l'occasion d'une nouvelle guerre. Après des revers éprouvés par l'empereur, ce prince s'allia aux protestants allemands, envahit la Champagne et la Lorraine qu'il couvrit de sang et de ruines, et, favorisé *par des intrigues de cour*, il parut à deux journées de marche de Paris. Mais la famine et les maladies dévoraient son armée ; aussi se trouva-t-il, malgré ses succès apparents, heureux de pouvoir signer un traité de paix à Crépy-en-Valois. L'empereur, par ce traité, obtint la permission de sortir de France sans être inquiété, et François Ier renonça à ses prétentions sur Naples, l'Artois et la Flandre (1544). — L'année suivante, un traité fut conclu à *Guines* avec Henri VIII qui, s'étant emparé de Boulogne, s'engagea à rendre cette ville moyennant une rançon de *huit cent mille écus d'or* et une pension annuelle de cent mille écus (1545).

Ici se termine la carrière militaire de François Ier ; elle avait duré près de trente ans avec des alternatives de succès et de revers, comme cela arrive presque toujours. Elle n'avait cessé d'être pour la nation une cause d'intarrissables sacrifices en argent et en hommes. L'imprévoyance et la témérité du roi furent pour beaucoup dans les défaites, l'énergie de la France contribua puissamment aux victoires.

La nation ne se lassa pas de soutenir la lutte ; les revers et les désastres semblaient, au contraire, lui donner une vigueur nouvelle, car il s'agissait pour elle d'être ou de ne pas être. Plus d'une fois, les puissances liguées contre elle avaient manifesté l'intention de la démembrer.

François Ier protégea les arts, les sciences et les lettres par ses largesses et sa munificence, et c'est pour cela qu'on le surnomma le Père des lettres. Sa cour fut brillante, mais elle ne fut pas un modèle de bonnes mœurs.

Je recueille ici de belles paroles adressées par le roi à des courtisans qui s'étonnaient de la vive douleur qu'il ressentait en voyant mourir le célèbre peintre Léonard de Vinci : « Ne soyez point surpris des honneurs que je » rends à ce grand peintre ; je peux faire, quand il me » plaît, des seigneurs tels que vous, mais il n'y a que » Dieu qui puisse faire un homme tel que celui qui se » meurt. »

C'est sous le règne de François Ier qu'eut lieu la révolution religieuse connue sous le nom de réforme protestante, opérée par Martin Luther. Il n'entre pas dans mon sujet de raconter les causes de cette révolution ou de cette hérésie. Si les guerres politiques avaient cessé, on vit commencer les guerres de religion, plus sanglantes et plus acharnées que les premières. « Si, dit l'historien » Gabourd, cité tant de fois déjà, nous avons à déplorer » les crimes qui furent commis de part et d'autre, nous » protestons d'avance que jamais, à nos yeux, rien ne » justifiera les crimes de la guerre ou de la haine. »

L'auteur rappelle avec un sentiment d'horreur les

cruautés auxquelles donna lieu un arrêt du parlement d'Aix, en Provence, contre une colonie de Vaudois qui habitait quelques districts de la Provence et qui avait le tort d'entretenir des intelligences avec les hérétiques de Genève. Les bourgs de Merindol et de Cabrières, et vingt-deux villages, furent livrés aux flammes, les habitants exterminés avec une férocité inouïe, le pays changé en désert (1545). Il est juste de dire que, sous les successeurs de François Ier, des poursuites furent dirigées contre les coupables; mais ces massacres eurent un affreux retentissement, et ils impriment une tache indélébile au nom du prince par les ordres duquel ils furent commis. — François Ier mourut à Rambouillet des suites d'une maladie causée par ses débauches.

Henri II (1547-1559). Henri II eut, mais à un moindre degré, les qualités et les vices de son père et prédécesseur; comme lui, il offrit à son peuple le spectacle de l'adultère couronné : Diane de Poitiers, quoiqu'âgée de 47 ans, réussit à dominer ce prince, déjà marié à la trop fameuse Catherine de Médicis.

Des révoltes intestines et des guerres extérieures remplirent et affligèrent les premières années de son règne. En 1559, il fit un traité de paix avec l'Angleterre et l'Espagne; par le même traité on stipula les mariages d'Elisabeth, fille du roi, avec Philippe II, fils de Charles-Quint, et de sa sœur Marguerite avec le duc de Savoie. Dans un tournoi donné à l'occasion du second de ces mariages, Henri II reçut une blessure dont il mourut, après onze jours de souffrances. C'est sous ce règne de douze années que la cour étala le plus grand luxe, la plus grande *politesse de mœurs*, mais, en même temps, une fatale corruption qui, du trône, ne descendit que trop dans les rangs subalternes. Henri II aimait les lettres, protégeait les savants et subvenait à ses libéralités et aux excès du luxe en écrasant le peuple d'impôts. Il abolit le duel judiciaire; ses édits contre les protestants furent impuissants. Les temps étaient venus où la France, attaquée dans sa foi, allait être livrée, par suite de la réforme, aux misères et aux horreurs dont elle avait perdu le souvenir depuis la rivalité des Bourguignons et des Armagnacs. Henri II laissait quatre fils dont l'aîné, valétudinaire, à peine âgé de seize ans, lui succéda sous le nom de François II, et ne régna que pendant dix-huit mois. Une réaction féodale se manifesta contre le trône à la faveur des troubles suscités par le protestantisme. Les grands seigneurs, que la main de fer de Louis XI avait profondément abaissés, entreprirent de se relever de leur humiliation, et, cette fois, ils comprirent que, pour reconquérir leurs anciens priviléges, il fallait s'appuyer sur l'esprit des masses ou, du moins, sur des idées de conscience. Ils associèrent leur cause à celle de la réforme; ils encouragèrent leurs vassaux à secouer le joug de l'Eglise et les trouvèrent dès lors disposés à se soustraire à l'autorité du roi. L'ambition féodale propagea en France, particulièrement dans le Midi, la funeste hérésie de Calvin. La même cause donna une haute importance aux seigneurs et aux princes qui tinrent pour la vieille foi; ceux-ci trouvèrent appui dans les populations catholiques, sympathie dans le clergé, et grandirent insensiblement en influence et en autorité. Entre les deux factions féodales, rangées sous des bannières religieuses différentes, se trouvait une cour corrompue, un roi enfant promis de bonne heure à la tombe, et une femme artificieuse et cruelle, formée dans le palais des Médicis à une politique cauteleuse, sans conviction, sans grandeur. Quatre partis se disputaient le pouvoir : celui des Guise, le duc et le cardinal, celui des princes de Bourbon, celui de Catherine de Médicis, et,

François II

(1559-1560)

enfin, celui du vieux connétable Anne de Montmorency. Les Guise s'unirent à Catherine de Médicis et se déclarèrent avec une énergique résolution les défenseurs du parti catholique; de leur côté, les princes de Bourbon (Antoine, roi de Navarre, et Louis de Condé), s'associèrent aux protestants et à l'amiral de Coligny, chef de cette secte, et, ce qui est bien pis, ils invoquèrent l'alliance de l'Angleterre. Ainsi, le parti des Guise et de la reine-mère apparaissait comme le seul parti national, tandis que les princes, Coligny et ses calvinistes, pouvaient être justement appelés la faction de l'étranger. Les deux partis en vinrent aux armes. Le *prince de Condé* abdiqua publiquement la religion catholique; son apostasie encouragea les protestants, et des soulèvements éclatèrent dans plusieurs provinces. — Le duc de Guise prit en main les rênes de l'administration publique et, sous le nom de lieutenant-général du royaume, exerça sur le roi et sur le peuple une autorité qui rappelait l'antique puissance des maires du palais. Le cardinal entreprit d'établir en France le tribunal redouté de l'Inquisition; il y eut opposition de la part du chancelier de L'Hospital, qui parvint à faire ordonner la convocation des États généraux, institution que les deux derniers rois semblaient avoir voulu laisser tomber en désuétude (1560). Cette assemblée fut précédée d'une réunion des notables dans laquelle l'amiral de Coligny et le duc de Guise échangèrent de violents défis.

Les États généraux furent convoqués à Orléans, de l'assentiment des deux partis. Les princes s'y rendirent; mais, avant l'ouverture de cette assemblée, ils furent arrêtés et jetés en prison. Le prince de Condé, jugé par des commissaires, fut condamné à mort. Son exécution fut fixée au 10 décembre (1560), jour de l'ouverture des États généraux. L'instrument du supplice devait être dressé *dans la salle même* des séances, pour épouvanter les calvinistes par un terrible exemple.

La mort du jeune roi, survenue le 5 du même mois, sauva Condé; mais elle fut le signal de longues luttes qui déchirèrent le royaume.

Charles IX, frère et successeur de François II, n'avait que dix ans quand il fut appelé à régner. Catherine de Médicis trouva dans la jeunesse du roi une conjoncture heureuse pour s'emparer de l'autorité. Placée entre la faction des Guise et celle des protestants, la reine-mère entreprit de ménager tous les partis pour se servir des uns contre les autres. Tout favorisait cette politique adroite, mais immorale, qui empruntait indifféremment des ressources à la vérité et au mensonge. Cette femme artificieuse ne songeait qu'aux intérêts de sa politique : ceux de la foi étaient peu de chose à ses yeux. Les premières nouvelles de la bataille de Dreux ayant fait croire au triomphe des protestants : « Eh bien! dit Catherine, nous » en serons quittes pour prier Dieu en français. » Il n'entre pas dans mon plan de raconter tous les combats, toutes les dévastations, tous les crimes de cette époque. Les premiers et les plus grands excès sont imputés aux protestants; mais, après la paix ou le traité de Lonjumeau, dont la durée fut de six mois seulement, une tentative de la cour pour s'emparer de Condé et de l'amiral de Coligny, ralluma, pour la troisième fois, la guerre dans laquelle apparut le jeune prince de Béarn, connu depuis sous le nom de Henri IV. Le prince de Condé, fait prisonnier à la bataille de Jarnac, fut tué par le capitaine des gardes du prince d'Anjou. Cette période de guerre fut souillée par de nouvelles horreurs. C'est avec effroi qu'on rappelle le souvenir des deux *michelades*, massacres nocturnes exécutés par les calvinistes à Nîmes, ceux de la Roche-

Abeille et de Navarreins, le Gave rougi par le sang des catholiques égorgés à Orthez et une foule de gentils-hommes orthodoxes assassinés à Pau, contre la foi des traités, le 24 août 1569.

Il est de la vérité de l'histoire, dit M. Gabourd, de constater ces massacres et ces attentats commis par les calvinistes, parce qu'ils expliquent, sans la justifier, l'une des catastrophes les plus odieuses qui aient jamais ensanglanté les annales des passions humaines, la Saint-Barthélemy.

Imbue des maximes politiques pratiquées dans les cours italiennes, Catherine médite une horrible vengeance des massacres, des sacriléges des protestants et des fréquents appels qu'ils avaient faits à l'étranger. Pour arriver à l'accomplissement de son infernale résolution, elle feignit d'accorder aux protestants une partie de leurs prétentions et endormit leurs défiances par une paix qui fut conclue à Saint-Germain. Pour mieux abuser les chefs calvinistes, on fit épouser à l'un d'eux, Henri de Béarn, Marguerite de Valois, sœur du roi, et on convoqua l'autre (Coligny) aux fastueuses fêtes données à cette occasion. Les calvinistes y vinrent en foule, sans se douter de l'abîme que l'astucieuse politique des Médicis avait ouvert sous leurs pas. La reine se rend auprès de son fils, lui fait partager son exaltation et son criminel projet, et, à force d'importunités, obtient de sa faiblesse l'ordre de mettre à mort les huguenots dans tout le royaume. Après avoir signé, rapporte l'historien, Charles IX, irrésolu plutôt que méchant, veut revenir sur sa parole; on lui répond qu'il est trop tard, que le massacre a commencé sur tous les points de Paris. Une poignée de fanatiques, poussés par Catherine et dirigés par le jeune duc de Guise, ardent à venger son père, fait de toutes parts main basse sur les calvinistes. Coligny est égorgé et précipité dans la rue. Une foule de gentilshommes protestants sont massacrés sans défense. Le nombre des calvinistes mis à mort à Paris s'éleva à plus de quatre mille. Les jours suivants, pour comble d'horreur, de pareilles scènes se passèrent sur plusieurs points du royaume, en vertu des ordres du roi (24 août 1572).

La religion n'a pas besoin d'être justifiée d'un si exécrable attentat, qui fut l'œuvre d'une femme artificieuse et d'une cour corrompue. Qui osera imputer à l'Eglise une exécution désavouée par elle? Faudra-t-il proscrire l'amour de la patrie parce qu'on lui a fait produire les Vêpres siciliennes; anéantir la liberté parce qu'elle a enfanté, dans un moment de délire, les abominables scènes de septembre (1792)? Il vaut mieux condamner les assassinats sous toutes les bannières et s'écrier, avec le chancelier de L'Hospital, que la Saint-Barthélemy fit mourir de douleur : « Périsse ce jour funeste, *excidat illa dies œvo!* »

Le carnage fut grand aussi à Meaux, à Angers, à Bourges, à Orléans, à Lyon, à Toulouse. L'histoire n'a point oublié, en enregistrant ces massacres, les noms de plusieurs gouverneurs de province qui refusèrent d'obéir aux ordres sanguinaires de Charles IX. Jean Hennuyer, évêque de Lisieux, offrit aux protestants un asile dans son propre palais, disant que le pasteur devait mourir pour ses brebis et non leur donner la mort. Le clergé de Lyon s'efforça, mais en vain, de soustraire les sectaires à la fureur du peuple. La Bourgogne ne perdit qu'un seul homme, grâce aux sages précautions de Chabot-Charni. Le comte de Tendes sauva la Provence; le comte de Gordes, le Dauphiné; Saint-Herau, l'Auvergne; Taineguy-le-Veneur, la haute Normandie. La réponse du vicomte d'Orthez, gouverneur de Bayonne, à Charles IX, est justement célèbre : « Sire, disait ce vertueux sujet, » j'ai communiqué les ordres de votre Majesté à ses fidèles

» habitants et gens de guerre ; je n'ai trouvé parmi eux
» que de bons citoyens et fermes soldats, mais pas un
» bourreau. »

Voilà des noms dignes de passer à la postérité la plus
reculée, et celui du vicomte d'Orthez plus que les autres.

Il faut citer aussi le bourreau de Lyon qui, sommé de
prêter son ministère aux égorgeurs, répondit : « Je ne
» tue que les coupables condamnés par la justice. »

On aurait dû élever des statues au vicomte d'Orthez,
en inscrivant, auprès ou au-dessous de chacune, les
sublimes paroles adressées par lui au roi, son souverain.

On avait délibéré si le roi de Navarre et le prince de
Condé seraient mis au nombre des victimes. Charles IX
leur fit entendre ces foudroyantes paroles : « *Messe, mort
» ou bastille.* » Pour sauver leur vie, ils feignirent d'ab-
jurer, mais ils se rétractèrent aussitôt qu'ils le purent
sans danger.

Charles IX, dont la mémoire restera entachée des stig-
mates de la Saint-Barthélemy, était cependant doué de
qualités heureuses que le malheur des temps ne lui permit
pas de développer. Si les conseils de sa mère n'eussent
point égaré sa jeunesse, il se serait montré plus digne du
trône, et son nom eût pu être inscrit sur la liste des bons
rois. Il était sobre, courageux, vigilant, libéral, ami des
lettres et cultivait avec succès la poésie. Il reste de lui
des vers harmonieux et faciles, bien supérieurs à ceux
des poètes de son temps, sans excepter Ronsard lui-même,
auquel le prince écrivait un jour :

> L'art de faire des vers, dût-on s'en indigner,
> Doit être à plus haut prix que celui de régner.
> Tous deux également nous portons des couronnes ;
> Mais moi je les reçois, poète tu les donnes.
> Ton esprit, enflammé d'une céleste ardeur,
> Eclate par lui-même, et moi par ma grandeur.

On sait quelle fut la fin de ce roi. Dévoré de remords et se croyant poursuivi par les fantômes de ses victimes, il mourut atteint d'une affreuse maladie. Le sang coulait par tous ses pores, et souvent le matin on le trouvait entièrement baigné de cette horrible transpiration. Cette mort parut l'effet de la vengeance divine (1574).

Voici le portrait que fait l'histoire de Henri III, frère et successeur de Charles IX, quand il prit les rênes de l'Etat : Ce n'était plus le vaillant capitaine de Jarnac et de Moncontour; on ne voyait en lui qu'un prince de mœurs infâmes, sans énergie et sans vertu. Comme il mêlait aux plus honteuses débauches, des pratiques extérieures de piété, il offrait aux calvinistes un prétexte de plus pour décrier la sainte religion dont il abusait. Homme efféminé, entouré de favoris perdus de vices qu'il appelait ses *mignons*, il abandonnait le soin des affaires à Catherine de Médicis. Aux mains du fils, le gouvernement était avili; dans celles de la mère, il était détesté.

Il se forma un parti désigné sous le nom des *malcontents*, dans lequel se trouvaient le duc d'Alençon, frère du roi, le prince de Condé, fils du rebelle de ce nom, et Henri roi de Navarre. Ce parti, composé d'ambitieux et de huguenots, fut puissamment aidé par des troupes appelées d'Allemagne. Il fut défait et taillé en pièces à Château-Thierry par l'armée royale, sous le commandement de Henri duc de Guise, héritier du génie et de l'audace de son père; mais des renforts venus d'Allemagne au roi de Navarre et au prince de Condé le rendirent plus redoutable que jamais. Catherine de Médicis sollicita et obtint la paix (1575).

En échange, elle fit rendre à Blois, en faveur des protestants, un édit de pacification. C'était le cinquième qui accordait aux calvinistes les plus grands avantages, entre

Henri III
(1574-1589).

autres la liberté de conscience et des chambres, mi-parties de catholiques et de huguenots, dans les huit parlements du royaume. Pour comble de lâcheté, la cour acheta à prix d'argent le départ des auxiliaires allemands et souffrit que *ces étrangers luthériens missent au pillage, en se retirant, les principales provinces du royaume.* Jamais l'hérésie n'avait si hautement triomphé, jamais la cour ne s'était si profondément abaissée (1576). — C'est alors que se forma la *Ligue.* Le trône étant occupé par un roi débauché, la couronne portée par une tête flétrie, les ligueurs réclamèrent des garanties politiques dont la corruption de la cour faisait sentir la nécessité. Les Etats généraux furent convoqués ; les ligueurs y siégèrent en majorité et demandèrent que des bornes fussent posées à la puissance trop absolue des rois. Ils voulurent que toute résolution unanime des Etats fût déclarée loi de l'Etat, et que dans tout autre cas le roi ne pût prendre une décision qu'après en avoir conféré avec la reine mère, les princes du sang, les pairs de France et douze députés des Etats. Comme on le voit, c'était jeter les bases encore incertaines des formes gouvernementales modernes.

La guerre civile ne tarda pas à se rallumer. Le duc d'Alençon, devenu duc d'Anjou, étant mort, et Henri III ne laissant point d'héritiers, la branche des Valois s'éteignait et Henri de Bourbon, roi de Navarre, devait monter sur le trône. Les catholiques le repoussaient comme hérétique, et la maison de Lorraine avait des prétentions à la couronne. De là une lutte acharnée entre les partisans du duc de Guise et ceux du roi de Navarre.

Philippe II, roi d'Espagne, se déclara pour le duc de Guise. La guerre à laquelle donnèrent lieu ces diverses prétentions fut nommée la guerre des Trois Henris. Il n'entre pas dans mon plan de raconter toutes les phases de cette guerre civile à laquelle les étrangers prirent part. Elle fut un moment suspendue par une trève conclue , à Saint-Bris , entre Catherine de Médicis et le roi de Navarre. Bientôt après , le 20 octobre 1587 , l'armée royale fut complétement battue dans les plaines de Coutras. Le roi de Navarre honora sa victoire par la modération généreuse dont il fit preuve envers les vaincus. La faction des Seize , qui s'était formée au sein de la Ligue , voulait changer l'ordre de succession au trône , sans attendre la mort de Henri III , prince déconsidéré et même avili. Guise, tout ambitieux qu'il était, se trouvait dépassé par ses fanatiques partisans. La Sorbonne avait elle-même déclaré qu'*on pouvait ôter le gouvernement aux princes qui manquaient à leur mandat, comme l'administration aux tuteurs dont on avait à se plaindre.* C'était ériger en droit le dogme de la souveraineté du peuple : toutes les révolutions se ressemblent , dit l'historien Gabourd (t. 2, p. 316).

Les Seize fournissent au duc de Guise l'occasion de se saisir du pouvoir royal , que celui-ci laisse échapper. Le roi lui pardonna en apparence , lui livra un grand nombre de places et le créa généralissime des armées du royaume ; mais, un peu plus tard, il le fit assassiner , ainsi que son frère le cardinal de Guise. Les deux chefs de la Ligue morts , toutes les espérances de la maison de Lorraine s'évanouirent. Douze ans après ce double assassinat mourut la trop fameuse Catherine de Médicis (1589).

Le sang des deux Guise fortifia la Ligue comme la mort de Coligny avait fortifié les protestants. Le duc de Mayenne, frère du duc de Guise dit le *Balafré*, aussi grand homme de guerre que lui et non moins remuant , fut nommé lieutenant-général du royaume par la Ligue. Les villes les plus importantes, Paris, Rouen, Dijon,

Lyon, Toulouse, soulevées comme de concert, se donnèrent à lui. Henri III fut dès lors regardé comme un assassin et un parjure. Le pape Grégoire XIII l'excommunia. Soixante-dix docteurs, assemblés en Sorbonne, le déclarèrent déchu du trône et ses sujets déliés du serment de fidélité. La faction des Seize, dirigée par un nommé Bussy-Leclerc, empoisonna ou mit à mort les membres du parlement affectionnés à la monarchie, et les magistrats qu'elle installa sur leurs siéges, de sa propre autorité, nommèrent deux conseillers chargés d'instruire le procès criminel contre Henri de Valois, ci-devant roi de France et de Pologne. En même temps, les églises étaient tendues de noir, et de coupables prédicateurs appelaient la vindicte publique sur le prince, qu'ils désignaient sous le nom de *nouvel Hérode*. Au milieu de cet orage, le malheureux roi, entouré d'ennemis, écrivait à Mayenne pour le prier d'oublier l'assassinat de son frère, et envoyait à Rome pour demander l'absolution des censures qu'il avait encourues par la mort du cardinal de Guise. Enfin, trahi, abandonné de toute part, il ne vit d'autre ressource que de se jeter dans les bras du roi de Navarre, chef des protestants, et de solliciter son alliance contre leurs ennemis communs.

Henri de Navarre était à la fois brave et généreux; il fut touché de la misère du roi dont il devait être l'héritier, et ne voulut pas recevoir de lui une couronne plus longtemps dégradée. Il consentit donc à réunir ses forces à celles de Henri III, et tous deux, se trouvant à la tête de trente mille hommes, marchèrent en toute hâte pour enlever Paris aux ligueurs. Leurs premiers succès furent rapides, mais une douloureuse catastrophe en interrompit le cours. Un jeune fanatique nommé *Jacques Clément*, *appartenant à l'ordre des Dominicains*, fut séduit par la doctrine que certains prédicateurs professaient sur le prétendu droit d'ôter la vie aux tyrans, et, exalté par leurs sophismes, il assassina le roi à Saint-Cloud. Il fut immédiatement mis à mort par la garde. On fit à ce malheureux, dans le parti des Seize, *l'honneur de l'invoquer comme un martyr*, tant le délire des passions humaines peut pervertir les notions de la justice et de la vérité (1589)!

Henri III mourut quelques instants après la blessure qu'il avait reçue, en pardonnant à ses ennemis et en faisant reconnaître Henri de Navarre pour son successeur. En lui finit la branche des Valois qui, dans un espace de deux cent trente et un ans, avait donné à la France treize rois, dont quelques-uns gouvernèrent avec gloire et sagesse, mais parmi lesquels d'autres furent par leur incapacité, leur faiblesse ou leurs vices, les fléaux du peuple. Sous les Valois, cependant, la féodalité fut détruite en partie, le pouvoir des grands affaibli, l'unité du gouvernement et du territoire proclamée, la fusion des races lentement opérée, de grandes améliorations introduites dans les lois et les coutumes. Avec cette branche Capétienne s'éteignait le xvie siècle, laissant dans l'histoire de l'humanité ce que laisse un grand fleuve qui rentre dans son lit après avoir inondé les campagnes, c'est-à-dire beaucoup de désastres et de ruines pour un peu de limon fertilisant.

Je suis arrivé à la branche des Bourbons dont le premier roi, Henri IV, a laissé un nom cher à la nation et le plus populaire de tous ceux de ses monarques. Il descendait de Robert de Clermont, cinquième fils de saint Louis. Il était né à Pau, en 1553, d'Antoine de Bourbon et de Jeanne d'Albret, héritière du royaume de Navarre. Sa mère, ardemment attachée à l'hérésie de Calvin, avait inoculé à son fils ses erreurs religieuses et en avait fait

Henri IV dit le Grand (1589-1610).

l'un des plus redoutables chefs du parti huguenot. Ce fut, on se le rappelle, à l'occasion de son mariage avec Marguerite de Valois, sœur de Charles IX, qu'eut lieu le massacre de la Saint-Barthélemy. Les guerres civiles le mirent à même de signaler son brillant courage et sa générosité plus remarquable encore. Malgré les droits qu'il tenait de sa naissance, il fut exclu du trône comme hérétique, mais il le conquit par sa bravoure. Je renvoie à l'histoire de ces temps ceux qui voudront connaître toutes les péripéties de la guerre soutenue par ce prince avant de monter sur le trône. L'abjuration de l'hérésie, faite solennellement par Henri, le 25 juillet 1593, à Saint-Denis, leva tous les obstacles, et il fut reconnu roi de France. Des fanatiques, qui mirent en doute la sincérité de son abjuration, demeurèrent fidèles à la Ligue, et un jeune homme nommé Barrière attenta aux jours du roi. Ce ne fut qu'en 1595 que le pape Clément VIII consentit à reconnaître l'abjuration de Henri IV et à l'absoudre. La guerre civile se prolongea encore pour soumettre des provinces restées attachées à la Ligue. Enfin, le traité de paix de Vervins, conclu entre la France et l'Espagne et ménagé par la médiation du pape Clément VIII, acheva de rétablir la tranquillité dans le royaume, qui ne fut cependant consolidée que par le mémorable édit de Nantes qui proclamait en quelque sorte la liberté de conscience ou des opinions religieuses. Ce fut en vain que le parlement, l'Université et la Sorbonne s'élevèrent contre cet édit; le roi, dont la paix générale avait consolidé l'autorité, vint à bout de le faire enregistrer et ne tint point compte de leurs remontrances.

Les concessions faites par le roi au parti huguenot étaient peut-être un peu trop larges pour le temps, et constituaient, sous quelques rapports, une nation protes-

tante à côté d'une nation catholique (Gabourd , t. 2 ,
p. 358).

Quoiqu'il en soit, le royaume , dépeuplé par la guerre
civile , ruiné par les dilapidations des gens de finances,
épuisé d'argent et d'hommes, respira enfin à l'ombre de
la paix de Vervins. Henri IV , délivré du souci des armes ,
tourna toutes ses pensées vers les améliorations intérieures.
Il y avait beaucoup à faire pour soulager le peuple , mais
la bonté de son cœur était au niveau d'une pareille tâche
dans l'accomplissement de laquelle il fut puissamment
secondé par son ministre Sully , dont le nom est rarement
séparé de celui du roi. Entre autres réformes, les brevets
de noblesse furent réduits ; et comme la noblesse exemp-
tait de l'impôt, cette mesure augmenta le nombre des
contribuables. Tous les offices de finances dont la suppression fut reconnue utile , furent abolis. Les places fortes
furent réparées, les magasins et les arsenaux remplis, les
routes publiques entretenues et plantées d'arbres, la solde
des troupes assurée, la marine rétablie. Tout cela ne s'o-
péra pas sans soulever de nombreuses critiques et des
résistances plus nombreuses encore dans les rangs de ceux
qui jusqu'alors avaient vécu d'abus et de priviléges. Je
ne puis résister au désir que j'éprouve de mettre sous les
yeux de mes lecteurs le discours si admirable de pensées,
de sentiments et de noble simplicité , prononcé par Henri IV
au sein de l'assemblée des notables qu'il avait convoquée
à Rouen en 1596.

« Si je me faisais gloire, dit-il, de passer pour orateur,
» j'aurais apporté ici plus de belles paroles que de bonne
» volonté. Mais mon ambition tend à quelque chose de
» plus haut que de bien parler : j'aspire au glorieux titre
» de libérateur et de restaurateur de la France. Déjà,
» par la faveur du ciel et par l'épée de ma généreuse

» noblesse (de laquelle je ne distingue point mes princes,
» la qualité de gentilhomme étant le plus beau titre que
» nous possédions), je l'ai tirée de la servitude et de la
» ruine. Je désire maintenant la remettre en sa première
» force et en son ancienne splendeur. Participez, mes
» sujets, à cette seconde gloire comme vous avez parti-
» cipé à la première. Je ne vous ai point appelés, comme
» faisaient mes prédécesseurs, pour vous obliger d'ap-
» prouver aveuglément mes volontés; je vous ai fait
» assembler pour recevoir vos conseils, pour les croire,
» pour les suivre; c'est, en un mot, pour me mettre en
» tutelle entre vos mains. C'est une envie qui ne prend
» guère aux rois, aux barbes grises et aux victorieux
» comme moi; mais l'amour que je porte à mes sujets, et
» l'extrême désir que j'ai de conserver mon Etat, me font
» trouver tout facile et honorable. »

En lisant ces paroles, fait observer l'historien que je
copie si souvent, et où la belle âme du premier roi de la
maison de Bourbon se révèle avec tant d'éclat, on se
demande s'il est vrai que ce qu'on appelle le gouvernement constitutionnel soit une invention de notre siècle,
et si, avant d'être régie par les formes anglaises, notre
patrie n'avait jamais vu à sa tête un pouvoir vraiment
libéral et vraiment civilisateur.

Cette réflexion est juste à un certain point de vue.
Avec un monarque comme Henri IV, le gouvernement
constitutionnel devient inutile, mais des institutions stables
peuvent seules mettre les peuples à l'abri de la faiblesse,
des caprices ou des mauvaises passions d'un souverain dont
les volontés ne seraient, sans cela, soumises à aucun frein.

L'assemblée des notables ne répondit pas à l'attente du
souverain qui lui donnait un témoignage de sa plus haute
confiance en se plaçant pour ainsi dire, suivant son

expression, sous la tutelle de ceux qu'il avait convoqués pour l'éclairer de leurs conseils, pour l'aider dans l'accomplissement de ses nobles et généreuses intentions. Cette assemblée ne comprit pas la pensée du roi, énoncée pourtant d'une manière à la fois bien précise et bien touchante. Au lieu de marcher dans la route qu'il lui avait ouverte, elle ne proposa que des moyens chimériques et indignes du pays. Henri IV fut donc réduit à se passer d'elle, et il fit bien, dit M. Gabourd.

L'agriculture fixa principalement son attention et celle de Sully. Les traités d'Olivier de Serres servirent de base à leurs prescriptions; mais ce que le bon roi n'avait lu que dans son cœur, ce fut ce souhait à jamais célèbre : « Je veux, disait-il, que chaque laboureur de mon » royaume puisse mettre la poule au pot le dimanche. » Sully, de son côté, proclamait dans un autre style *que labourage et pasturage estaient les deux mamelles dont la France estait alimentée et les vraies mines et trésors du Pérou.* Aussi ce ministre illustre évitait-il d'encourager les arts futiles et regardait-il avec regret ces ateliers où les hommes épuisent leur vie dans des travaux purement mécaniques. « De telles frivolités, ajoutait-il, ne sont » propres qu'à énerver le corps et privent la France de » bons soldats. »

Cette opinion un peu trop absolue est la reproduction de celle énoncée par Caton, dans son traité *De re Rustica*, et que j'ai citée dans mon *Essai sur la voirie rurale.* Je crois qu'en accordant à l'agriculture une protection bien marquée, comme à la première et à la plus utile de toutes les industries, les autres, même celles de luxe, ne devaient pas être dédaignées, et méritaient même toute la sollicitude d'un bon gouvernement. Les temps modifient les idées comme ils modifient les mœurs. Il y a un terme moyen entre les opinions, trop exclusives ou trop extrêmes, de Sully et de Colbert. Avant tout, il faut favoriser l'agriculture, qui pourvoit, ainsi que je l'ai dit ailleurs, à nos besoins les plus impérieux, mais encourager aussi les autres industries qui, en transformant les matières premières, satisfont à ceux que la civilisation a créés, qui donnent de l'occupation à une foule d'ouvriers et répandent le superflu de la classe riche sur celles qui ne vivent que de leur travail. Qui de nous voudrait renoncer aux productions des beaux-arts et de la littérature? Quand la subsistance des populations est assurée, quoi de plus noble et de plus beau que d'élever son âme par la conception, l'exécution ou la seule admiration des chefs-d'œuvre de la sculpture, de la peinture, de l'architecture, de la musique, de la poésie ou de l'industrie proprement dite!....

Aussi, Henri IV, tout en faisant des vœux pour l'amélioration de la position des laboureurs, ne manqua pas d'encourager les sciences, les arts et les lettres, sans oublier de protéger le commerce. C'est par ses soins que le canal de Briare fut creusé. Il avait médité de joindre, par les bassins de l'Aude et de la Garonne, la Méditerranée à l'Océan, de faire bâtir un hôtel des Invalides et un hôtel militaire. C'est pendant son règne que nos premières colonies furent établies en Amérique. Il continua le Louvre, fit construire le Pont-Neuf, le collége de la Flèche, le château de Saint-Germain et plusieurs autres édifices remarquables. Il appela autour de lui des savants et des artistes, leur donna des logements dans le Louvre et se plut à examiner avec intérêt et à récompenser avec grandeur leurs divers travaux. Il essaya, par ses édits, d'abolir la sauvage coutume du duel; mais ses exemples et ses discours paralysèrent ses lois. Il commit la faute grave de rendre héréditaires dans les familles les charges de judicature, moyennant une redevance annuelle.

La confiance dont il honorait son premier ministre, Sully, était sans bornes. Ce dernier, plus fier de la gloire que de la faveur de son maître, déchira une promesse de mariage que le roi avait eu la faiblesse de signer et qui lui avait été, en quelque sorte, imposée par Henriette d'Entragues. Ce fut la réponse du ministre au conseil que lui demandait le prince à ce sujet. Une autre fois, des courtisans ayant réussi à jeter dans l'esprit du Béarnais quelques doutes sur la fidélité de Sully, celui-ci parvint facilement à confondre la calomnie, et le roi, désabusé, l'assura qu'il n'aurait jamais d'autre conseiller que lui, qu'il le regarderait toujours comme son meilleur ami. Transporté de joie, Sully s'était précipité aux genoux du roi qui lui dit : « Lève-toi donc, ces gens-là nous obser- » vent; ils croiraient que je te pardonne. » Et il l'embrassa en présence de toute la cour. Tel était Henri IV, dont le nom résume encore de nos jours la grandeur royale unie à la bonté. Son amour pour le peuple était sa vertu dominante; il était accessible à ses sujets, et se considérait comme le père d'une grande famille. Pendant qu'il songeait à assurer, pour l'avenir, de l'aisance au moindre paysan, lui-même manquait de tout et s'en plaignait avec gaîté. Il écrivait à Sully, le 15 avril 1596 : « Mes chemises sont toutes déchirées, mes pourpoints » troués au coude, ma marmite est souvent renversée, » et, depuis deux jours, je dîne et soupe chez les uns et » les autres, mes pourvoyeurs disant n'avoir plus moyen » de fournir à ma table, d'autant plus qu'il y a six mois » qu'ils n'ont pas reçu d'argent. »

Confident de ces plaintes, Sully vendit un jour tous ses biens pour en appliquer le produit au service de son maître. On ne sait lequel on doit le plus admirer du roi ou de son ministre ; cependant , des ligueurs obstinés et quelques ambitieux , trompés dans leurs espérances, ne cessèrent de menacer la vie du bon roi. Il y eut contre lui dix-sept tentatives d'assassinat et plusieurs grandes conspirations. Le maréchal de Biron , comblé de ses faveurs, prêta l'oreille aux propositions d'Emmanuel, duc de Savoie, l'un des adversaires les plus opiniâtres de Henri IV. Après un premier pardon , le maréchal commit de nouveau le même crime de trahison envers son souverain. Le but de ce conspirateur était le démembrement de la France à son profit ; vainement, Henri IV essaya, la seconde fois, d'obtenir du maréchal l'aveu de son tort et lui mit-il entre les mains la grâce comme conséquence du repentir , Biron ne répondit à tant de clémence que par l'audace et le mensonge. Le roi dut abandonner à la rigueur des lois ce conspirateur obstiné, qui eut la tête tranchée à la Bastille, le 31 juillet 1602.

Le pouvoir féodal qui avait reconquis, à la faveur des guerres de religion, une partie de ses anciens priviléges , comprit par le supplice du maréchal qu'il fallait plier de nouveau devant la royauté. Cet exemple n'empêcha pas une nouvelle conspiration, tramée cette fois par les intrigues de Henriette d'Entragues ; les conspirateurs, condamnés par le parlement, furent grâciés par le roi. La plupart des représentants de la féodalité s'étaient déshérités de leur force en vendant à prix d'argent leur soumission ; de si honteuses transactions les avaient déconsidérés en les enrichissant. La royauté s'était donc trouvée favorisée par les circonstances. Les rivaux qu'elle n'avait pu réduire furent achetés. Ces transactions coûtèrent trente-deux millions au roi, et pourtant la réaction féodale ne fut qu'assoupie et non éteinte ; elle se réveilla, pour la dernière fois, sous le règne de Louis XIII.

Voilà ce que dit l'histoire, et je laisse au lecteur le soin d'en déduire les conséquences et d'apprécier la fidélité des grands seigneurs envers leur souverain légitime.

La licence des mœurs de la reine Marguerite de Valois la rendit méprisable à ses contemporains. Après avoir vécu longtemps volontairement séparés, le roi et la reine obtinrent du Saint-Siége, à la suite d'informations juridiques les plus exactes, la rupture de leur union.

En 1600, Henri IV épousa Marie de Médicis, nièce du grand-duc de Toscane ; ce mariage ne fut guère plus heureux que le premier.

Le roi, qui avait triomphé de ses ennemis, ne sut pas dompter ses passions, le vice qui perdit Salomon le domina tout entier. Henri IV se laissa également emporter par la fureur du jeu. Jetons, dit M. Gabourd, le voile sur ces détails de la vie privée ; mais n'oublions pas, cependant, car la sévérité de l'histoire l'exige, qu'ils suffisent pour imprimer une tache ineffaçable à la mémoire d'un de nos plus grands rois.

Henri IV avait élevé la France à un haut degré de prospérité intérieure, et conquis par son courage et ses grandes actions l'estime des autres puissances de l'Europe. Pour mettre le comble à sa gloire et à sa prépondérance, il en était venu à préparer l'accomplissement d'une entreprise gigantesque dont le résultat devait être l'abaissement de la maison d'Autriche et l'établissement de la paix perpétuelle. Ce fut un rêve, mais ce rêve était celui d'une âme passionnée pour le repos des hommes. Il avait sincèrement résolu de substituer, dans les États de l'Europe, le droit à la force, et d'organiser un tribunal suprême qui, jugeant pacifiquement les différends des rois et des peuples, préviendrait l'explosion de toute guerre nouvelle. Je n'entre pas plus avant dans les vues et les combinaisons d'un semblable projet attesté par Sully dans ses mémoires. Quoiqu'il en soit, Henri était sur le point de se mettre à la tête de son armée ; il avait pris de sages mesures pour assurer l'ordre pendant son absence, lorsque le vendredi, 14 mai 1610, jour triste et fatal pour la France, il fut assassiné par François Ravaillac, natif d'Angoulême. Le roi était dans la cinquante-septième année de sa vie et dans la vingt et unième de son règne.

« Quand le bruit de ce tragique événement fut répandu
» dans Paris, dit Péréfixe, et que l'on eut la certitude
» que le roi, que l'on croyait seulement blessé, était
» mort, ce mélange d'espérance et de crainte, qui tenait
» toute la ville en stupeur, *éclata* tout d'un coup par de
» grands cris et par de furieux gémissements. Les uns
» devenaient immobiles et pâmés de douleur, les autres
» couraient les rues tout éperdus ; plusieurs embrassaient
» leurs amis en versant des torrents de larmes, sans pou-
» voir dire autre chose, sinon : Ah ! quel malheur !......
» On voyait des femmes échevelées qui se lamentaient
» et qui disaient à leurs enfants, en les serrant dans leurs
» bras : *Que deviendrez-vous, mes enfants? vous avez perdu*
» *votre père !* Il y eut plusieurs personnes si vivement
» touchées de cet affreux malheur, qu'elles en moururent ;
» les unes sur-le-champ, les autres peu dé jours après.
» Enfin, ou eût dit que chacun avait perdu toute sa fa-
» mille, tout son bien, toutes ses espérances, par la
» mort de ce bon roi. » (Gabourd, t. 2, p. 369 et 370.)

N'est-ce pas là le plus bel éloge que l'on puisse faire d'un monarque ?

Tout le règne de Henri IV se résume dans ce vers de la Henriade :

« Il fut de ses sujets le vainqueur et le père. »

Lorsque Henri IV mourut, l'aîné de ses fils, Louis XIII, Louis XIII dit le
n'avait que neuf ans ; il fallait pourvoir à la régence. Le (1610-164
prince d'Épernon, malgré l'opposition du prince de Condé
et du comte de Soissons, et profitant de l'absence de ces
deux princes, fit déclarer, par le parlement, la reine
Marie de Médicis régente du royaume.

Inutile de raconter ici, dans tous ses détails, le commencement de ce règne, la domination exercée sur la
régente par Concini, devenu plus tard le maréchal d'Ancre,
la dilapidation des économies ou réserves faites sous le
ministère de Sully, employées par cet intrigant pour
apaiser les princes du sang et des seigneurs tout prêts à
s'insurger contre lui. Quand les honteuses libéralités de
Concini cessèrent par l'épuisement des finances, *les seigneurs* se montrèrent plus hostiles envers le favori de
Marie de Médicis qui se vit plus que jamais en butte à leurs
cabales. Au fond, il s'agissait moins de cet homme, bien
que son nom fût un prétexte, que des intérêts du parti
féodal. Les princes et les grands seigneurs, à qui Henri IV
avait concédé des pensions et des gouvernements importants, cherchèrent à se rendre en quelque sorte indépen-
dants de l'autorité royale. L'aristocratie, sous la minorité
de Louis XIII, tenta de ressaisir la position qu'elle avait
acquise sous Charles-le-Chauve et ses successeurs. Mais,
pour réprimer ses tentatives et renverser l'échafaudage
des priviléges, elle allait voir s'élever contre elle, l'un
après l'autre et sous les noms de Richelieu et de Louis XIV,
un nouvel Ebroïn et un second Philippe-Auguste.

Le prince de Condé, le duc de Vendôme et son frère,
les ducs de Longueville, de Mayenne, de Nevers, de Retz,
beaucoup d'autres puissants seigneurs, et à leur tête le
duc de Bouillon qui les exhortait à la révolte, quittèrent
la cour et se retirèrent dans les provinces soumises à leur

influence ; là, ils publièrent un manifeste contre la reine régente et contre le maréchal d'Ancre. Après des conférences, il intervint un traité peu solide ; on résolut ensuite de convoquer les Etats généraux (1614), qui n'amenèrent aucun résultat. Le clergé, dans ses Etats, choisit pour *orateur* l'évêque de Luçon, Richelieu, dont le nom est devenu si justement célèbre.

Ce que n'avaient pu faire les Etats généraux, le parlement entreprit de l'accomplir, c'est-à-dire de réformer les abus. La cour, effrayée des droits qu'il voulait s'attribuer, cassa l'arrêt qu'il avait rendu, comme constituant une usurpation de pouvoir. Le parlement n'osa résister (1615).

Les princes et les grands du royaume se révoltèrent de nouveau. On allait en venir aux mains lorsqu'un traité de paix, honteux pour le roi, fut conclu à Loudun. Le prince de Condé obtint des places de sûreté pour lui-même, et pour ses partisans, des emplois, des dignités et des sommes considérables.

Enorgueilli de son triomphe, le prince de Condé vint à Paris, et affecta de braver la reine-mère et d'outrager le maréchal d'Ancre, qui le fit arrêter et emprisonner à la Bastille. L'auteur de cet exploit (dit l'historien Gabourd), nommé Themines, homme obscur, reçut une somme de cent vingt mille écus et le bâton de maréchal. La puissance du maréchal d'Ancre ne connut plus de bornes ; il renouvela le ministère qu'il composa de ses amis et, entre autres, de Richelieu, se donna une garde, fit fortifier plusieurs villes et confia à ses créatures les principales places.

Les grands du royaume, et à leur tête les princes, armèrent encore.

Charles d'Albert, connu depuis sous le nom de Luynes,

parvint à se mettre dans les bonnes grâces de Louis XIII encore enfant ; il lui signala le maréchal d'Ancre comme dangereux pour la sûreté de sa couronne et obtint l'ordre de le faire arrêter. On sait comment cet ordre fut exécuté par Vitry, capitaine des gardes. Concini fut assassiné sur le pont du Louvre. On persuada au jeune roi que la résistance du maréchal avait nécessité ce meurtre. Vitry fut lui-même élevé au grade de maréchal, comme l'avait été Themines, ce qui fit dire au duc de Bouillon que cette haute dignité se gagnait *par le métier de sergent et d'assassin*. Cela se passait le 24 avril 1617.

La veuve de Concini, Léonora Galigaï, dont la vie avait été vouée à l'intrigue, fut traduite devant le parlement et fut condamnée, comme coupable de magie, de lèse-majesté divine et humaine, à être décapitée en place de Grève, pour être ensuite brûlée et ses cendres jetées au vent. Elle subit son supplice avec résignation. Que penser d'une pareille justice au XVIIe siècle !

Luynes devint tout-puissant, et, pour braver l'opinion publique, se fit déclarer connétable, ce qui servit de prétexte à une nouvelle révolte des grands et des princes. Luynes, qui justifiait cette faveur par quelques talents militaires, remporta sur eux une victoire à la bataille des Ponts-de-Cé. Marie de Médicis, qui avait été reléguée à Blois, entra en accommodement avec son fils (1620). Le médiateur de cette paix domestique fut Richelieu qui, disgrâcié avec la reine mère, était parvenu à se rapprocher de Luynes. C'est ainsi qu'il accoutumait son génie à un plus vaste rôle.

Cependant, les protestants prenaient chaque jour une attitude plus menaçante ; ils en vinrent à compromettre l'existence de la monarchie. Louis XIII et le connétable résolurent d'agir avec énergie. Un édit ordonna la réunion du Béarn à la couronne, et prescrivit aux calvinistes de restituer les biens de l'Eglise qu'ils avaient autrefois usurpés.

Ce fut le signal de la guerre. Les protestants prirent les armes dans le but de changer la base du gouvernement. Le roi leur enleva cinquante places qu'il fit démanteler ; mais ses troupes échouèrent devant Montauban, que défendait le maréchal de La Force. Huit mille hommes de l'armée royale périrent à ce mémorable siége. Luynes lui-même, dévoré de chagrin à la suite de cet échec, tomba malade et mourut (1621) détesté du peuple et peu regretté de son maître, qui commençait à être las de son joug. L'épée de connétable fut donnée à Lesdiguières.

Le désastre de Montauban accrut l'audace des protestants, et Louis XIII se vit forcé de leur accorder la paix et de les rétablir dans tous les droits de l'édit de Nantes. Richelieu, qui venait de recevoir le chapeau de cardinal, parvint, grâce à l'influence de la reine mère, à entrer au conseil en qualité de ministre (1624). La France, sous sa puissante main, allait changer de face et assister à une nouvelle transformation politique.

L'historien examine (t. 2, p. 380 et suivantes) la situation de la France à l'intérieur et à l'extérieur. A l'intérieur, deux obstacles arrêtaient les progrès de la royauté et troublaient le repos du peuple, la féodalité et la démocratie protestante. Pour en triompher, il n'y avait qu'une royauté dépopularisée par le règne des favoris et une bourgeoisie catholique timide et défiante.

Au dehors, les obstacles à la gloire et à la prépondérance de la France n'étaient pas moins sérieux ; mais je n'ai pas à m'en occuper. Richelieu se proposa, avant tout, de dompter les protestants, puis d'écraser l'aristocratie et d'abaisser la maison d'Autriche.

Les princes et les seigneurs, irrités de l'influence du cardinal, se groupèrent autour de Gaston, duc d'Orléans et frère du roi. Le comte de Chalais fut le premier qui se chargea d'attenter aux jours du ministre; Richelieu le fit arrêter avec ses complices, les fils légitimés d'Henri IV et le maréchal d'Ornano. Ceux-ci furent emprisonnés, et Chalais, jugé par des commissaires à Nantes, eut la tête tranchée. C'était comme un essai de ses forces contre la noblesse. Le comte de Chapelle et le duc de Bouteville s'étant battus en duel, le cardinal les fit juger, condamner à mort et exécuter en grand appareil.

Les ducs de Rohan et de Soubise, aidés par Buckingham, le plus puissant des seigneurs d'Angleterre, méditaient une nouvelle guerre de religion. La Rochelle était pour l'hérésie un puissant arsenal de révolte. Malgré toutes les difficultés que présentait le siége de cette place, Richelieu n'hésita pas à l'entreprendre. Après des travaux gigantesques et quatre mois de siége, les rares habitants qu'avait épargnés la faim consentirent à se rendre à Louis XIII. Ce siége coûta quarante millions, mais le cardinal ne crut pas avoir payé trop cher l'occasion de frapper d'un même coup la féodalité et le calvinisme (1628).

La guerre se prolongea encore dans le Languedoc. Une expédition contre le duc de Savoie terminée heureusement, le roi dicta la paix à ses ennemis du dedans et du dehors. Les protestants furent traités avec la plus grande rigueur. Quoiqu'il en soit Richelieu crut devoir leur laisser le libre exercice de leur culte et les considérer, sous le rapport politique et religieux, comme des sujets du roi. Les guerres de religion étaient éteintes ; la féodalité ne se résigna point à courber la tête. Il se forma à la cour un parti dont la reine mère et Gaston, frère du roi, étaient les chefs avoués. Cette faction recruta des auxiliaires dans les rangs de l'aristocratie et fit tous ses efforts pour perdre Richelieu. Louis XIII prêta l'oreille aux insinuations contre son ministre, et un jour il se montra décidé à l'éloigner de la cour. Ayant eu une entrevue avec le roi, Richelieu confondit facilement ses ennemis et ressaisit le pouvoir d'une main plus forte que jamais. Il triompha au moment où la cour, les princes et l'aristocratie s'applaudissaient de sa chute. Cette crise porte le nom de *Journée des dupes* (1629).

L'habileté et la patience de Richelieu, employées à surmonter la répugnance du roi, l'aversion de la cour et les misérables intrigues d'antichambre, attestent mieux son génie que ses victoires et les grands actes de son administration. La reine mère fut disgrâciée et fut réduite à quitter en fugitive la cour et le royaume de son fils. Elle mourut pauvre et délaissée dans son exil. Gaston, qui s'était volontairement éloigné de la France, y rentra et publia un manifeste contre le cardinal, appelant les princes et la noblesse à ressaisir leurs priviléges. Ses provocations n'obtinrent qu'un faible succès; les grands venaient d'être épouvantés par le sort des deux Marillac, l'un garde des sceaux qui mourut de chagrin dans l'exil, et l'autre, maréchal, accusé de dilapidations et qui eut la tête tranchée en place de Grève. Plus tard, le maréchal de Montmorency, qui avait levé le drapeau de la guerre ou de la révolte dans le Languedoc, fait prisonnier sous les murs de Castelnaudary, fut traduit devant le Parlement de Toulouse, jugé coupable de lèse-majesté et condamné à être décapité. Rien ne put fléchir le roi, et le maréchal périt sur l'échafaud. Le duc de Lorraine ayant essayé, à deux reprises, de prêter aux mécontents le secours de ses armes, le roi entra dans cette province, s'empara de Nancy et força son vassal à demander grâce (1633).

Richelieu avait dompté l'hérésie et la féodalité dans leur propre sang : « Je n'ose rien entreprendre, disait-il, » sans y avoir bien pensé ; mais, quand une fois j'ai pris » ma résolution, je vais droit à mon but, je renverse » tout, je fauche tout, et je couvre tout de ma robe » rouge. » Ce langage, dans la bouche d'un cardinal, contriste l'âme du lecteur, et prouverait mieux que tous les arguments que l'exercice du pouvoir temporel ne devrait jamais être confié à des ministres d'une religion de paix et de miséricorde. — Fidèle à son inexorable système, Richelieu avait pacifié l'intérieur du royaume. — Pour se distraire de ses grands soucis, Richelieu fonda l'Académie française, fit construire le Palais-Royal, créa le Jardin des Plantes et donna une vive impulsion à la littérature et à l'industrie, sans toutefois les affranchir de sa tutelle. Le grand Corneille fut plus d'une fois obligé de faire fléchir devant lui l'austère indépendance de son caractère.

Le cardinal n'avait accompli que la moitié de sa tâche. La maison d'Autriche avait conservé en Europe sa vieille prépondérance : il n'épargna rien pour l'abaisser. Dans ce but, il adopta une politique tout opposée à celle qu'il avait suivie en France. Il combattit en Allemagne l'unité de gouvernement et la suprématie des catholiques. Quelle politique pour un prince de l'Eglise ! Aussi fut-elle blâmable, sinon blâmée, au double point de vue de la religion et des intérêts matériels de la France. L'auteur que je copie si souvent l'a bien hautement désapprouvée.

Le cardinal intervint dans la guerre de Trente ans qui durait depuis 1618. Secondé par son confesseur le père Joseph, capucin, il parvint à endormir la vigilance de l'empereur d'Allemagne, Ferdinand II, tandis qu'il signait un traité d'alliance avec Gustave-Adolphe, roi de Suède, qui se précipita sur l'Allemagne et servit, par ses armes, les intérêts des souverains protestants. Les ruses diplomatiques de Richelieu et du père Joseph, son émissaire, étaient-elles bien dignes d'hommes de leur caractère, d'hommes consacrés à la religion, au saint ministère de prêtres, et dont le premier était revêtu de la pourpre romaine ?

La France, représentée par Richelieu, prit une part plus active à la guerre et la soutint avec des alternatives de succès et de revers. Au fort de l'impulsion donnée à nos armes, une nouvelle conspiration, car il y en avait eu une précédente pendant le siége de Corbie, menaça les jours du cardinal. Les chefs de cette conspiration étaient Cinq-Mars et de Thou, fils de l'historien de ce nom, qui furent jugés par des commissaires au nombre desquels siégeait le sinistre Laubardemont, l'un des affidés de Richelieu. Reconnus coupables, les deux accusés furent condamnés à avoir la tête tranchée et subirent leur peine à Lyon. « *Sire*, écrivit alors le cardinal à Louis XIII, *vos* » *ennemis sont morts et vos armes sont dans Perpignan.* »

Richelieu était parvenu au plus haut degré de la puissance ; la France entière, sans excepter le roi, était soumise à ses caprices. Il avait abattu la féodalité et ruiné le calvinisme ; la maison d'Autriche se sentait humiliée et prévoyait sa perte ; l'Espagne était affaiblie par ses embarras intérieurs et ses défaites : toute l'Europe enfin, respectait la puissance de nos armes et contemplait avec surprise l'accroissement et la régénération politique de la France. C'est dans cet état de prospérité que la mort surprit Richelieu, le 4 décembre 1642, à l'âge de cinquante-huit ans. Exhorté, au moment de son agonie, par son confesseur, à pardonner à ses ennemis, il répondit d'une voix ferme : « *Je n'en ai pas eu d'autres que ceux*

» *de l'Etat.* » Puis, en recevant le viatique, il prit Dieu à témoin *qu'il n'avait jamais eu en vue que le bien de la religion et de la France.* M. Gabourd pense que l'histoire doit se montrer plus sévère, et il énumère les fautes et les actes qu'on peut lui reprocher ou lui imputer. L'auteur pense que la France était mûre pour un gouvernement tempéré, dont l'institution eût sans doute prévenu la révolution de 1789, et, à cet égard, il peut avoir raison, être dans le vrai. Au lieu de cela, Richelieu fonda le despotisme.

Louis XIII survécut peu à son ministre; il mourut quelques mois après, affaibli par les soucis et les infirmités. Il avait mis la France sous la protection de la Mère de Dieu. Quoiqu'éclipsé par son ministre, il ne fut pas un roi dénué de mérite et d'élévation. Doué d'un courage froid, mais intrépide, il était religieux, chaste, simple dans ses mœurs, et assez plein de bon sens pour avoir supporté, malgré sa répugnance et ses favoris, le joug souvent bien dur de Richelieu. Comme son ministre, il fut inaccessible à la miséricorde et reçut le nom de Juste par le soin qu'il mit à n'épargner aucun coupable. Il avait pour maxime, qu'en matière de crime d'Etat, il faut fermer son âme à la pitié. Louis XIII et son ministre furent haïs de la cour et du peuple. Il n'avait que quarante-deux ans lorsqu'il mourut, le 14 mai 1643. Il laissait deux fils en bas âge.

Louis XIV était à peine âgé de cinq ans lorsque la mort dé son père le rendit héritier de la monarchie française. Anne d'Autriche l'avait mis au monde après vingt-deux ans de stérilité, aussi le prince fut-il surnommé *Dieu-Donné, Deo datus,* titre auquel fut substitué plus tard celui de *Grand.*

La cour, humiliée par Richelieu, essaya de se relever,

quand elle ne vit plus au-dessus d'elle qu'une femme et un enfant. Le parlement, annulant les restrictions que Louis XIII avait mises par son testament au pouvoir de la régente, Anne d'Autriche, usa de sa prérogative en nommant premier ministre le cardinal Jules de Mazarin (Giulio Mazarini), qui avait signalé son habileté en secondant les vues profondes de Richelieu. C'était pour la seconde fois qu'un favori italien allait disposer de la régence ; mais Mazarin, bien supérieur à Concini, réussit à prévaloir, en dépit des répugnances de la magistrature et de la cour. (Gabourd, tome III, page 2). La bataille de Rocroi, gagnée par le duc d'Enghien, âgé seulement de vingt-deux ans, inaugura glorieusement le règne de Louis XIV. L'année suivante, il remporta sur les Impériaux la victoire de Fribourg, obtenue après trois jours consécutifs de lutte. Le duc d'Orléans, oncle du roi, s'empara de Gravelines après quarante-huit jours de tranchée. Turenne s'était laissé surprendre par Merci, général de l'Empire ; mais le duc d'Enghien le dégagea en gagnant la bataille de Nordlingue, où Merci fut tué. Un an après, le prince s'empara de Dunkerque. Les ennemis de sa gloire lui ayant fait refuser les secours nécessaires, il échoua devant Lerida, en Catalogne ; mais, l'année suivante, il prit dignement sa revanche en Flandre, où il gagna sur l'archiduc Léopold la célèbre victoire de Lens. Avant la bataille, il avait dit à ses soldats pour toute harangue : « *Amis, souvenez-vous de Rocroi, de Fribourg et de Nordlingue.* »

Les victoires du duc d'Enghien, secondé par Turenne et d'autres vaillants officiers, amenèrent enfin la paix, qui fut signée par les catholiques à Munster, le 30 janvier 1648, et par les protestants, à Osnabruck, le 21 octobre suivant. Cette pacification, connue sous le nom de traité de Westphalie, consommait l'œuvre de Richelieu en abaissant la maison d'Autriche, et en la réduisant à n'être plus que l'ombre d'elle-même. Tous les avantages de cette paix ne furent pas pour la France; le protestantisme, depuis lors, exerça une certaine prépondérance dans les affaires de l'Europe. C'est ainsi que se terminèrent, pour cette partie du monde, les guerres nées de la prétendue réforme. Elles avaient duré plus d'un siècle, et aboutirent à une transaction entre les deux partis.

L'Espagne, qui n'était pas comprise dans les stipulations de la paix de Westphalie, prolongea pendant onze ans les hostilités, et fut en cela favorisée par les troubles qui éclatèrent en France.

Sous prétexte d'un mécontentement contre la politique de Mazarin, les princes, qui voulaient reconquérir leurs priviléges, et le parlement qui cherchait à s'ériger en grand corps politique, commencèrent par faire la guerre au ministre, en attendant qu'on pût la faire plus haut. C'est ce qui donna lieu à la guerre civile désignée sous le nom de guerre de la Fronde. La *Journée des barricades* en fut le début. C'était une ridicule parodie de la Ligue, dit M. Gabourd.

Le prince de Condé, auparavant le duc d'Enghien, qui d'abord avait refusé de prendre part à cette guerre, et s'était exprimé ainsi: « *Je m'appelle Louis de Bourbon, et je ne veux pas ébranler l'Etat,* » finit par lui donner l'appui de son nom. On se battait avec des épigrammes, des chansons, plus encore qu'avec des armes plus dangereuses. Paul de Gondi, coadjuteur de l'archevêque de Paris, fut un des principaux instigateurs de la Fronde. (Ceci est encore remarquable.)

Après plusieurs escarmouches, il se fit un arrangement entre le parlement et la cour. Le parlement conserva le droit de s'assembler, et la reine garda son ministre. Condé avait servi d'intermédiaire à cette réconciliation. Le prince s'en prévalut avec orgueil contre Mazarin, et ne garda aucun ménagement avec l'astucieux cardinal, qui réussit, par ses intrigues, à lui aliéner le cœur du peuple de Paris. Bientôt après, Mazarin le fit arrêter, et avec lui le prince de Conti, sans que personne osât murmurer dans Paris. Il n'en fut pas de même dans le reste du royaume; les partisans du prince prirent les armes. Turenne, encore plus coupable, livra Stenay aux Espagnols, mais il fut vaincu à Rhetel. Par suite de ces révoltes, dans lesquelles le parlement, les amis de Condé et le coadjuteur triomphèrent, l'élargissement des princes et l'exil de Mazarin furent imposés à la reine. Banni à perpétuité par arrêt du parlement, le cardinal se retira à Cologne; mais, de cette ville, il ne cessa d'exercer une grande influence sur les affaires. Les troubles continuèrent avec des alternatives qu'il est inutile de raconter. Condé fit soulever plusieurs provinces, et fit *un traité d'alliance avec l'Espagne contre le roi et la France.* Le roi venait d'être déclaré majeur et Mazarin avait reparu à la tête d'une armée levée à ses frais. *Gaston, oncle du roi, s'unit à la Fronde.* La guerre civile ne cessa qu'en 1653, et il est à remarquer que Gondi y avait gagné le chapeau de cardinal. Il fut enfermé à Vincennes. On fit le procès au prince de Condé, qui fut condamné à mort par contumace. Cet arrêt fut le signal du retour de Mazarin. La féodalité était à peu près détruite, et le pouvoir absolu constitué avec l'assentiment du peuple. Le parlement cessa d'être un pouvoir politique. Un jour, Louis XIV, âgé de 17 ans, entra en équipage de chasse, botté, éperonné, et le fouet à la main, dans la salle des séances de ce corps, et lui intima, de la manière la plus expresse, l'ordre de ne plus se mêler d'affaires politiques. Le parlement fut forcé de subir en silence cette insolente bravade, qui annonçait à la France un despote, à la féodalité un maître, à l'Europe un conquérant (Gabourd, tome 3, page 10).

La guerre intérieure était terminée, mais l'Espagne n'avait pas encore désarmé. A la faveur de la défection de Condé et des troubles de la Fronde, elle enleva Dunkerque, Cazale et la Catalogne. Turenne, le vertueux Fabert et le prince de Conti, obtinrent des succès. Dans le même temps, Mazarin conclut un traité avec Olivier Cromwel, protecteur de la république d'Angleterre, homme de guerre, de conseil, profond politique et fanatique ambitieux, qui avait pris pour base de son trône républicain l'échafaud dressé pour Charles Ier, héritier de Jacques et petit-fils de Marie-Stuart. Quelle alliance pour un roi légitime, catholique et absolu, qui disait : l'*Etat, c'est moi*, qui prit pour emblème le soleil, et pour devise, *Nec pluribus impar*, qu'on peut traduire ainsi : *A nul autre pareil ou comparable !*.....

La guerre se prolongea, et les troupes de Louis XIV, réunies à celles de Cromwel, s'emparèrent de Dunkerque. La mémorable bataille des Dunes, gagnée par Turenne, et la prise de cette place, décidèrent enfin l'Espagne à conclure la paix. Des conférences s'ouvrirent dans l'île des Faisans, sur la Bidassoa. Le mariage de Louis XIV avec l'infante Marie-Thérèse y fut arrêté. Condé fit sa soumission et fut rétabli dans tous ses honneurs. Ce traité est connu sous le nom de traité des Pyrénées. Il mit fin à la prépondérance de l'Espagne, et éleva la France au premier rang des puissances de l'Europe. Mazarin survécut peu de temps à cette pacification qu'il avait amenée. Il mourut en 1661, laissant une fortune évaluée à plus de

50 millions. Cette excessive richesse justifie bien les préventions qui s'étaient élevées contre ses concussions et son avarice, ce qui n'empêche pas l'historien auquel je fais tant d'emprunts, de le qualifier d'*homme illustre.* Que penser d'un cardinal qui amasse tant de richesses par de tels moyens? Le même historien semble vouloir réhabiliter la mémoire de ce ministre en faisant observer qu'il avait plus légué à la France en influence et en domaines, qu'il ne lui avait ravi par ses exactions fiscales. Qui voudrait s'associer à une pareille morale?

Le jour même de la mort de **Mazarin**, les autres ministres s'approchèrent du roi, et lui dirent: « Sire, à qui nous adresserons-nous? *A moi*, répondit Louis XIV. » On était si las du règne des favoris, que cette réponse fut accueillie avec joie par la cour et le peuple. On se trouvait heureux de ne plus dépendre que du gouvernement du roi. C'était préférer le despotisme à l'anarchie ou à l'oligarchie. Il est bien triste d'en être réduit à choisir entre des régimes aussi vicieux. On n'était pas, toutefois, sans inquiétude, car le roi, fort jeune encore, n'avait montré du goût jusque-là que pour les plaisirs; mais il tint les rênes du gouvernement avec une constance et une énergie dont aucun de ses prédécesseurs, depuis saint Louis, n'avait donné l'exemple. Il est bien certain que Louis XIV établit de l'ordre dans la haute administration et dans les finances, dérangées par une longue suite de dilapidations. Le surintendant Fouquet, dont le faste impudent avait ébloui le roi, fut arrêté et jugé. Il eut pour successeur Colbert, que Mazarin lui avait recommandé, en lui disant que, par l'indication d'un tel choix, il était quitte envers Sa Majesté. Cette parole fut justifiée et au-delà, ajoute l'historien. Ce ministre, en effet, apporta dans les dépenses publiques et dans les revenus de l'Etat la plus sévère économie et l'ordre le plus parfait. Tous les arts semblèrent revivre. La France vit paraître des chefs-d'œuvre de peinture, de sculpture, d'architecture; de nouvelles sociétés littéraires ou savantes, et entre autres l'Académie des sciences, l'Académie de peinture et l'Académie des inscriptions, prirent naissance par les soins du ministre et avec l'impulsion du jeune roi. On publia quelques réglements fâcheux pour la prospérité agricole; mais le commerce, que Sully avait négligé, fut puissamment encouragé. Il se forma trois compagnies : l'une pour les Indes orientales, l'autre pour les Indes occidentales, et la troisième pour les côtes de l'Afrique.

Le canal du Languedoc, entrepris pour la communication des deux mers, transporta jusque dans le cœur de la France, les denrées et les marchandises des diverses parties du monde. La marine fut créée ; des arsenaux, établis à Marseille, à Toulon, à Brest, à Rochefort, renfermèrent tout ce qui était nécessaire à l'armement et à l'équipement de plusieurs flottes. Toutes les industries, favorisées par le gouvernement, atteignirent un haut degré de perfection, et devinrent autant de sources abondantes de fortune publique, ainsi que de richesse privée. Des gratifications furent accordées aux savants de la France et à ceux de l'étranger. Colbert restreignit les exemptions d'impôt abusives et parvint à diminuer les tailles. Pendant que cet homme justement illustre appliquait son génie à accroître la prospérité intérieure et à réformer avec une admirable sagesse tous les services administratifs, Louvois, son collègue, homme dur et inflexible, mais organisateur militaire, constituait la plus formidable armée de l'Europe, et mettait Louis XIV en mesure de dicter des lois à toutes les puissances rivales de la France. Ce jeune roi savait se faire aimer, respecter et craindre.

Quoique son instruction eût été négligée et le rendît moins capable de diriger par lui-même les immenses améliorations qui s'accomplissaient sous son règne, il avait au fond de l'âme un tel instinct de grandeur, que dans les choses qui lui étaient le plus étrangères, il imprimait une heureuse impulsion, et savait rendre le commandement facile en faisant la soumission glorieuse. Après les troubles et les désordres qui agitèrent l'Etat durant sa minorité, il sentit que le despotisme était devenu presqu'une nécessité pour vaincre toutes les résistances et les oppositions. Le peuple accepta avec reconnaissance ce despotisme, qui donnait au pays de la sécurité et de la gloire tout à la fois. Ce monarque osa dire: *L'Etat, c'est moi.* Loin de se laisser aller au délire de l'orgueil, il se borna à résumer les mœurs et les faits de son siècle.

Les ordonnances de 1667 sur la procédure civile, celle de 1673 sur le commerce, celle de 1681 sur la marine, auxquelles il faut ajouter celle de 1669 sur les eaux et forêts et celle de 1670 sur la procédure criminelle, sont les plus beaux titres de Louis XIV à la reconnaissance de la nation et qui ont le plus illustré son règne. Le grand mérite de ce prince fut de faire choix des hommes les plus distingués de son époque, de s'en entourer et de mettre chacun d'eux à la place à laquelle ses connaissances et son caractère le rendaient le plus propre. En même temps, de grands exemples de piété brillaient dans la capitale. Saint Vincent de Paul, mort depuis peu d'années, avait donné l'impulsion à une foule d'établissements de bienfaisance, et la fondation des asiles pour les enfants trouvés, comme aussi l'institution des Sœurs de charité, suffiraient à elles seules pour l'honneur de ce grand siècle.

Louis XIV fit respecter les représentants de la France

dans tous les Etats étrangers. Son ambassadeur à Londres ayant été sommé de céder le pas à l'ambassadeur d'Espagne, il contraignit son beau-père Philippe IV à lui faire d'humiliantes réparations, qui auraient dû être imposées, ce semble, au roi d'Angleterre. Les Corses de la garde du pape avaient attaqué à force ouverte l'escorte de M. Créqui; *Louis XIV exigea du Saint-Siége un désaveu solennel et contraignit le gouvernement pontifical à élever dans Rome une pyramide expiatoire* (1662). L'année suivante, les pirates mahométans de la Méditerannée furent châtiés et six mille hommes, envoyés au service de l'empereur Léopold, contre les Turcs, se couvrirent de gloire à la journée de Saint-Gothard. Un avantage plus utile à la France fut le traité par lequel Charles II, roi d'Angleterre, vendit à Louis XIV l'importante ville de Dunkerque.

Ce dernier monarque se jeta dans des guerres successives dans lesquelles les Français se distinguèrent sous les commandements de Condé et de Turenne; mais le Palatinat, incendié et dévasté par les ordres du ministre Louvois, en ternirent la gloire. Deux villes et vingt-cinq grands villages devinrent la proie des flammes, et cette rigueur, on pourrait dire cet acte de barbarie, n'eut pas même pour excuse les nécessités de la guerre. Il serait heureux pour la mémoire de Turenne, dit l'historien Gabourd, qu'il se fût refusé à cette dévastation; mais il crut qu'il devait obéir.

Les Impériaux opposèrent à Turenne Montecuculli, l'un des plus illustres guerriers de son siècle. Turenne fut tué à Saltzbach, par un boulet qui emporta le bras du général Saint-Hilaire. Comme le fils de ce dernier fondait en larmes, son héroïque père lui dit : « *Ce n'est pas moi qu'il faut pleurer, c'est le grand homme que la France vient de perdre.* » Louis XIV, dignement secondé par ses généraux et par le célèbre Vauban, obtint de grands succès. Duquesne, l'une de nos gloires maritimes, remporta, dans les eaux de Sicile, une victoire signalée sur la flotte Hollandaise, commandée par Ruyter, qui perdit la vie dans ce combat. Les ennemis de la France, vaincus sur tous les points, réclamaient la paix qui fut conclue à Nimègue.

Louis XIV en dicta les conditions, et la France, agrandie en puissance morale, le fut aussi en territoire. Conquérant et politique, le monarque reçut alors le surnom de Grand, qui lui fut décerné à l'Hôtel-de-Ville par les magistrats de Paris. La bonne fortune resta attachée encore pendant quelque temps aux armées du roi. Au milieu de ses prospérités, il avait perdu Colbert. Cette époque fut la plus haute période de la gloire de Louis XIV. C'était le temps où l'intelligence humaine et le génie des arts produisaient les belles créations qui ont conquis à son règne le surnom de *grand siècle*. Des établissements fastueux ou utiles s'élevèrent de toutes parts. Versailles et ses jardins magiques sortirent, pour ainsi dire, d'un fétide marais; ils coutèrent des hommes par milliers, et des trésors par centaines de millions. La nature fut vaincue à Maintenon, à Marly, dispendieuses merveilles qui n'eurent pour objet que la gloire d'un seul homme. On venait d'achever le canal des deux mers; le canal de Briare fournit à la navigation un nouveau secours. Le monument des Invalides devint un asile assuré pour la vieillesse et les blessures de l'armée. La colonade du Louvre rivalisa avec les chefs-d'œuvre d'Athènes.

Le jansénisme donna lieu à des troubles religieux et à la fameuse bulle de Clément XI, connue sous le nom de Bulle *unigenitus* (1713), confirmée plus tard par Innocent XIII, Benoît XIII, Clément XII et Benoît XIV. Vinrent ensuite les démêlés de l'église gallicane et la fameuse déclaration de 1782, qui proclama les quatre propositions suivantes : 1° les princes ne sont point soumis, pour le temporel, à la puissance apostolique ; 2° le concile général est supérieur au pape, selon les décrets du concile de Constance ; 3° l'usage de l'autorité pontificale doit être réglé par les canons, sans porter atteinte aux libertés de l'église gallicane ; 4° le jugement du pape, en matière de foi, n'est infaillible qu'après le consentement de l'Eglise. Je passe sur l'affaire du quiétisme, à laquelle l'humilité de Fénélon mit fin, et même sur le droit d'asile accordé autrefois dans Rome aux ambassadeurs, et d'après lequel les criminels qui se réfugiaient dans les quartiers habités par ces ambassadeurs, échappaient aux poursuites de l'autorité pontificale.

Le 22 octobre 1685 parut l'ordonnance qui abolissait l'édit de Nantes et tous les priviléges que les calvinistes avaient obtenus des prédécesseurs de Louis XIV. Cette ordonnance fut une faute immense, qui eut les conséquences les plus déplorables pour le commerce et l'industrie de la France, et engendra une guerre civile à laquelle l'impitoyable ministre Louvois donna le caractère le plus odieux, par les cruautés que commirent les troupes royales et les terribles représailles exercées par les protestants réfugiés dans les Cévennes.

La mort de Colbert avait fait pressentir une sorte de décadence de la grandeur du règne de Louis XIV ; celle de Condé priva ce prince de l'un des hommes qui ajoutaient le plus à sa splendeur. Vers le même temps, Louis XIV qui, trop fidèle à l'exemple de Henri IV, avait donné à son peuple celui du scandale et de l'adultère, finit par épouser en secret Françoise d'Aubigné, veuve du poète Scarron, devenue si célèbre sous le nom de Mme de Maintenon.

En 1686, les puissances rivales de la France se liguèrent contre elle à Augsbourg. La révolution qui éclata en Angleterre, et qu'avait préparée le gouvernement méprisable de Charles II, fournit un prétexte à la guerre.

A des victoires succédèrent des revers ; une disette affligea la France. La paix fut conclue d'abord avec le duc de Savoie, puis avec les autres puissances.

Charles II, roi d'Espagne, mort sans héritiers, ayant légué sa couronne au duc d'Anjou, petit-fils de Louis XIV, ce legs, accepté, devint la cause d'une nouvelle guerre et le prétexte d'une nouvelle coalition européenne contre la France. En 1709, la famine se joignit à la guerre et amena le découragement. Deux fois Louis XIV fit des propositions de paix, et la seconde fois il offrait de *reconnaître l'archiduc Charles d'Autriche pour roi d'Espagne, et de contribuer aux frais de la guerre qui aurait lieu pour détrôner son petit-fils.* Les alliés rejetèrent cette offre humiliante pour la France et exigèrent que Louis XIV se chargeât lui-même de cette guerre. A cette dure condition, toute la fierté du royal vieillard se réveilla: « Puisqu'on me force à la guerre, répondit-il, j'aime » mieux la faire à mes ennemis qu'à mes enfants. » Les négociations furent rompues.

Le désespoir et l'indignation rendirent à la France et au nouveau roi d'Espagne, qui avait pris le nom de Philippe V, la résignation et l'énergie nécessaires pour triompher des obstacles et remporter des victoires dans les circonstances où ils se trouvaient. La paix fut enfin conclue, mais à de dures conditions pour la France. Il fut, en effet, stipulé que, le cas de vacance de l'une des dynasties de France ou d'Espagne survenant, Philippe V et ses héritiers, Louis XIV et sa descendance, renonceraient à réunir sur une même tête les couronnes de France et d'Espagne; que *Dunkerque serait démantelé*, et que la France abandonnerait à l'Angleterre une partie de ses colonies. Elle s'engagea en outre, à reconnaître la déchéance des Stuarts et leur exclusion du trône de la Grande-Bretagne. Telle fut la paix d'Utrecht, qui imprima une forte tache au règne de Louis XIV.

Dieu avait humilié le grand roi; il étendit sa main sur sa race. Les princes qui devaient lui succéder moururent les uns après les autres, à l'exception d'un arrière-petit-fils, âgé de cinq ans, à qui il était réservé d'échanger un berceau pour un trône. Ce désastre de la famille royale détermina le roi à faire légitimer, par le parlement, le duc du Maine et le comte de Toulouse, ses fils adultérins. Après cet outrage à la loi et à la morale, qui imprima la honte au front du monarque et de la magistrature, le vieux roi s'éteignit lui-même. Il expira le 1er septembre 1715, sans ostentation, confessant ses fautes et donnant à son successeur de sages conseils qui ne furent pas suivis.

On a oublié de dire qu'en 1689 le Palatinat fut, pour la seconde fois, livré aux flammes par les armées du roi. On brûla les villes et les campagnes, on dévasta la tombe des morts. (Ce n'est plus ainsi qu'on fait la guerre de notre temps). On rejette cet acte de cruauté et de férocité sauvage, comme le premier, sur le ministre Louvois, qui ne fut ni disgrâcié ni même blâmé, ou du moins l'histoire n'en parle pas. On peut donc le faire remonter jusqu'au roi.

Le plus grand éloge qu'on puisse faire de Louis XIV, sans atténuer les fautes bien graves qu'il confessa en partie à sa mort, c'est qu'il sut récompenser le mérite dans toutes les classes de la société où il se produisait. Colbert, son premier ministre, et Fabert, maréchal de France, en sont des exemples. Si les grands seigneurs furent définitivement réduits à l'obéissance et forcés de courber le front devant l'autorité royale, bien des abus se perpétuèrent pendant et après son règne.

Les beaux-arts, les sciences et les lettres, que Louis XIV ne cessa de protéger et d'encourager, brillèrent de tout leur éclat en France et la placèrent au premier rang des nations de l'Europe. Ce prince eût été plus digne d'admiration s'il n'avait pas été dominé par un désir trop ardent de la gloire militaire, si l'amour du faste et de la magnificence ne l'avait pas conduit à écraser son peuple d'impôts, pour élever des monuments trop souvent stériles. Ces reproches atteignent le roi ; ceux qui s'adressent à l'homme et au chrétien ne seront pas moins sévères. Louis XIV donna à ses sujets l'exemple des déréglements les plus déplorables. Le premier, après Henri IV, il érigea l'adultère en coutume royale et mit en honneur l'oubli des devoirs les plus saints. Quand, dans la dernière moitié de sa vie, il réforma ses mœurs et chercha à réparer ces tristes scandales, il était trop tard pour lui et pour la France. La sévérité imprévue de sa conduite ne créa guère autour de lui que l'hypocrisie ; la licence couvait sous le masque, et on n'attendait que la mort du roi pour la laisser éclater sans frein.

Louis XIV laissait à sa mort deux milliards six cent millions de dettes (environ cinq milliards de notre monnaie actuelle). La réaction qui se préparait contre le despotisme de ce roi n'attendit pas pour éclater que ses restes fussent déposés à Saint-Denis ; il fallut soustraire son cercueil à l'exaspération publique (Gabourd, tome 3, page 80).

Louis XV (1715-1774). Louis XV, arrière-petit-fils de Louis XIV, était encore enfant lorsqu'il succéda à son aïeul. Le parlement, qui avait supporté l'humiliation pendant soixante ans, s'en vengea

en cassant le testament de Louis XIV et en investissant
Philippe, duc d'Orléans, de tous les pouvoirs de la régence,
dont le roi mourant avait voulu limiter l'autorité et les
priviléges. Digne chef d'une noblesse dissolue, le régent
l'encourageait par ses exemples à fouler aux pieds le
double et salutaire frein de la morale et de la religion.
Ces déplorables enseignements ne trouvèrent dans toutes
les classes de la société qu'une docilité trop grande. La
corruption s'afficha dans les palais et sur les places
publiques. La régence, ajoute M. Gabourd, fut la
sentine d'où découlèrent toutes les calamités qui ont
affligé le xviiie siècle : l'oubli de Dieu et la déification
de l'adultère, l'athéisme de l'âme et les turpitudes du
cœur, longue série d'iniquités qui s'amoncelèrent sur
la France, tant qu'enfin il en sortit un orage et que
le *souffle de Dieu* balaya le sol (M. Gabourd, tome 3,
pages 80 et 81).

Je ne m'étendrai pas sur cette époque de corruption
et de désordres sous le ministère de Dubois, intrigant
habile, politique éhonté, mais adroit, qui parvint, en
favorisant les penchants dépravés du régent, à se faire
décerner la pourpre du cardinalat et l'archevêché de
Cambrai, illustré par Fénélon. Une guerre juste cependant, déclarée à l'Espagne, et dans laquelle la France
eut pour alliés l'Angleterre, la Hollande et l'Empire, se
termina heureusement et promptement. Le système de
Law, qui devait rétablir les finances de l'Etat, amena
une honteuse banqueroute et la ruine d'une foule de parti-
culiers trop confiants dans les combinaisons de l'aventurier
écossais (1721). Deux ou trois ans plus tard, Dubois termina
sa vie honteuse, et Philippe d'Orléans, qui depuis quelques
mois avait cessé d'être régent et avait accepté les fonctions
de premier ministre, le suivit au tombeau. La majorité

du jeune roi venait d'être déclarée, conformément aux coutumes du royaume (1723).

La France, qui jouit d'une longue paix sous le ministère du cardinal de Fleury, put réparer ses pertes. En quelques années, malgré les misères de la vieillesse de Louis XIV et les funestes crises de la régence, la prospérité intérieure prit un grand développement.

Les événements dont la Pologne fut le théâtre rallumèrent une guerre qui fut terminée par le traité de paix conclu à Vienne (1734). Une nouvelle guerre eut lieu après la mort de l'empereur Charles VI (1740), qui avait laissé ses Etats à sa fille Marie-Thérèse, disposition garantie par la France au traité de Vienne. Cette guerre injuste, et dans laquelle Louis XV acquit de la gloire, ne finit qu'en 1748, par la paix d'Aix-la-Chapelle, après une trève.

Le cardinal de Fleury, trop préoccupé des besoins de l'économie, avait laissé dépérir notre marine; ce qui permit à l'Angleterre de retenir, sans rivalité, la domination des mers. Quand le cardinal mourut, en 1741, notre marine se trouvait réduite à trente-cinq vaisseaux de ligne. En 1749, la flotte française fut vaincue et dispersée par les fortes escadres de l'Angleterre.

On avait dit à Louis XV, lorsqu'il était avec son armée devant la place de Menin en Flandre, qu'en risquant une attaque il pourrait se rendre maître de cette place quatre jours plus tôt : « Eh bien! *dit-il*, prenons-la quatre jours » plus tard; j'aime mieux perdre quatre jours devant une » place, qu'un seul de mes sujets. » Attaqué quelque temps après d'une maladie qui avait mis ses jours en danger, sa convalescence fut accueillie avec une joie enthousiaste, et c'est à cette occasion qu'on lui donna le surnom de *Bien-Aimé.*

Il perdit bientôt ses droits à l'amour de son peuple.
Pendant sa jeunesse, et sous la direction de son ministre
le cardinal de Fleury, il avait condamné l'affreuse licence
de la cour ; mais il finit par prêter l'oreille à de misérables
corrupteurs, dont l'avarice et la perversité ne cessaient
de lui tendre des piéges. D'abord, ce fut en secret qu'il
fut coupable, et, peu de temps après, il faisait asseoir
l'adultère sur le trône. Louis XV franchit toutes les bornes
et livra le gouvernement, le pays, la cour, l'armée, la
politique et le trésor public, aux caprices honteux de ses
favorites. Ce roi, courbé sous le joug des plus infâmes
plaisirs, abandonnait à ses maîtresses le soin de l'Etat.
Mme de Pompadour, du fond de son boudoir de Versailles,
disposait des plus hauts emplois, décidait des alliances
politiques, disgrâciait les gouverneurs, et traçait aux généraux le plan de leurs campagnes. Cette femme régnait sur
la France comme sur la volonté du roi, qui ne l'était plus
que de nom. L'histoire se fatiguerait à citer les noms des
femmes perdues de mœurs, les unes appartenant aux plus
hautes positions sociales, les autres choisies dans les rangs
subalternes, qui furent associées aux désordres du roi,
et contribuèrent à son avilissement. La plus célèbre de
toutes parmi ces dernières, Mme Dubarry, était une cour-
tisanne de basse extraction, que sa fatale beauté avait
séparée de la foule. Elle trouva des flatteurs non seulement à Versailles, mais dans toute l'Europe. La corruption
gagna toutes les classes de la société ; elle descendait d'en
haut dans les masses. Au milieu de tant de scandales,
l'Eglise fut affligée de la désertion et de la lâcheté d'un
grand nombre d'hommes qui s'étaient voués à sa défense.
La mollesse et le luxe s'introduisirent dans le haut clergé,
le relâchement et l'esprit de révolte dans les rangs infé-
rieurs. — La littérature, elle-même, se rendit complice

de la déchéance des mœurs publiques. Que l'on s'étonne, après cela, qu'il éclate des révolutions, volcans dont les terribles éruptions couvrent les Etats de leurs laves brûlantes, les bouleversent, et quelquefois les détruisent entièrement. A qui, je le demande, doit-on imputer, le plus souvent, de telles calamités, de si grandes catastrophes? Est-ce aux gouvernés ou bien aux gouvernants.

La querelle des jansénistes et des molinistes divisait encore la France; le parlement, dépouillé de toute influence politique, prit parti dans ces débats que son intervention ne pouvait que prolonger. La lutte des magistrats jansénistes contre le clergé agissant dans l'ordre de sa juridiction, donna lieu aux plus graves scandales. Le pouvoir royal ne prit que des mesures mesquines pour les faire cesser. Le parlement fut exilé, puis rappelé. Un impôt de deux vingtièmes ayant été prescrit par le roi pour subvenir aux frais de la guerre, le parlement refusa d'enregistrer l'édit, et sa détermination causa quelqu'agitation dans le peuple. Louis XV répondit à cette résistance par des coups d'Etat contre le parlement. C'est au milieu de l'irritation générale qu'un misérable, nommé Damiens, essaya d'assassiner le roi; les partis s'accusèrent réciproquement, et le crime qui venait d'être commis amortit un moment l'aigreur des esprits (1757).

Vint plus tard la lutte contre les jésuites et l'ordonnance royale qui proscrivait de France leur compagnie (1762-1764).

Cependant, dès l'année 1754, les Anglais, forts de l'accroissement de leur marine, cherchèrent à créer des prétextes de guerre. L'assassinat dans le Canada d'un envoyé français nommé Jumonville devint le signal des hostilités de part et d'autre. Elles furent suivies de revers pour les armes de la France, qui perdit de vastes colonies. Une alliance avec Marie-Thérèse, impératrice de Russie, amena une complication dans la situation de la France, et donna lieu à la guerre de Sept ans. Nos flottes remportèrent quelques victoires sur celles de l'Angleterre. Une capitulation intervint après la victoire de Hastenbeck ; mais six mois étaient à peine écoulés que les hostilités recommencèrent de la part des Anglais.

Attaqué par les armées réunies de l'Autriche, du corps Germanique, de la Russie, de la Suède et de la France, le roi de Prusse, Frédéric II, d'abord vainqueur, fut défait à Kollin. Chassé de la Bohême, il se trouva un moment réduit à une poignée d'hommes. Dans cette extrémité, il vainquit, à Rosbach, en feignant de fuir, les impériaux et l'armée française, commandés par le prince de Soubise. Jamais défaite ne fut plus honteuse pour les armes de la France.

En 1758, les Français furent taillés en pièces à Minden, sous M. de Contades, et à Crévelt, sous le comte de Clermont; 80,000 hommes, commandés par ce dernier général, furent repoussés de l'Allemagne par le prince Ferdinand de Brunswick, qui n'en avait que trente mille. Le maréchal de Broglie répara seul l'honneur de nos armes à Bergen; mais les revers essuyés en Europe n'étaient rien auprès de nos désastres maritimes.

La France, en effet, perdit dans les Indes *Chandernagor*; sur la côte de Coromandel, *Pondichéry*; dans les Antilles, la *Guadeloupe*; *Mahé*, sur la côte de Malabar. Des descentes nombreuses d'Anglais s'effectuèrent sur les côtes de France, à la baie de Cancale, à Cherbourg, à Saint-Brieuc. En Amérique, les héroïques efforts de Montcalm ne purent sauver le Canada. La Bourdonnais et Dupleix perdirent deux grandes batailles navales, l'une à la sortie de Toulon, l'autre à celle du port de Brest.

Sous le ministère de Choiseul, protégé par la marquise de Pompadour, nos revers continuèrent. Dans cette période si déplorable, quelques noms illustres, quelques actes sublimes apparaissent, dit l'historien Gabourd, comme pour ne pas laisser prescrire l'honneur du nom français. Le brave Chevert, officier de fortune parvenu au grade de général, s'était illustré au siége de Prague et à la bataille d'Hastenbeck ; à l'assaut d'Exile, nos soldats se jetèrent sur les canons de l'ennemi, et entrèrent dans le fort par les embrasures ; à Clostercamp, le chevalier d'Assas tomba, dans une reconnaissance, au milieu des ennemis, qui avaient dressé une embuscade à nos troupes. On connaît les circonstances de sa glorieuse mort (1760).

Le pacte de famille conclu après la mort de Ferdinand VI, roi d'Espagne, ne rétablit point les affaires de la France. L'appui donné par le czar Pierre III à Frédéric II, et la lassitude causée par sept ans de guerre, amenèrent enfin la conclusion de la paix (1763). Le traité fut signé à Paris. Il consacrait la perte de la plupart de nos colonies, et ruinait notre puissance dans les deux Amériques et dans l'Inde. La France restitua en outre toutes ses conquêtes de l'Allemagne.

Louis XV, quoique étranger en quelque sorte aux actes de son gouvernement et aux opérations de ses généraux, était troublé dans ses honteux plaisirs par le retentissement de nos désastres. Il put enfin se courber sous le joug de ses maîtresses et de ses courtisans. Vainement tout annonçait une révolution pour l'avenir ; il n'en prenait aucun souci : « Tout cela durera bien autant que moi, » disait-il en parlant de la royauté. Il s'inquiétait peu, comme on le voit, de l'héritage qu'il léguerait à son successeur.

Le reste du règne de Louis XV s'écoula bien tristement

sous tous les rapports. Il fut contristé par des deuils de famille : La pieuse Marie Leczinska mourut résignée, après avoir été témoin de la dégradation de son mari. Puis le roi perdit le dauphin son fils, qui promettait à la France un monarque capable de la consoler de ses misères. Il n'avait pas été le seul à protester, par la pureté de ses mœurs, contre les désordres de la cour; la dauphine, sa digne compagne, donnait l'exemple de toutes les vertus chrétiennes. Ses sœurs rivalisaient avec lui d'humilité et de piété, et parmi elles Madame Louise, qui se fit carmélite à Saint-Denis. Le petit-fils de Louis XV, le nouveau dauphin; ses petites-filles, Madame Elisabeth, dont la fin fut si tragique; Madame Clotilde, depuis reine de Sardaigne et morte sainte comme elle avait vécu, surent se préserver des souillures dont l'affreux tableau passait sans cesse sous leurs yeux. Le roi était trop enseveli dans le vice pour comprendre la vertu de ses enfants; il la soumit, au contraire, à de dures épreuves. On sait que, dans une cérémonie publique, il fit asseoir la Dubarry près de la dauphine, la jeune Marie-Antoinette.

Le parlement tendait sans cesse à entraver l'autorité royale. Toutefois, et on ne peut lui en faire un reproche, il s'était opposé à des impôts ruineux que Louis XV voulait établir pour assouvir l'avarice de ses maîtresses. Le ministre Choiseul fut sacrifié aux rancunes de Mme Dubarry. Après l'exil de ce ministre, la France fut livrée tantôt à l'abbé Terray, qui tentait de restaurer les finances à l'aide d'une banqueroute déguisée, tantôt à Maupeou, qui s'efforçait de mettre les caprices du roi à l'abri des importunités de la magistrature.

Les parlements furent dissous en 1771 et remplacés par des cours de justice, sous le nom de conseils supérieurs, où on fit entrer les créatures du chancelier Maupeou, et par cela même on les livra à l'animadversion publique. Pendant que ces actes arbitraires soulevaient les esprits en France, la Pologne devenait la proie des trois puissances du Nord qui en faisaient le partage entre elles. Louis XV demeurait spectateur impassible de ce grand attentat qui rompait l'ancien équilibre européen et ouvrait aux nations scythiques toutes les barrières de l'Occident (1773).

La seule marque de puissance politique que donna la France, à cette époque de dégradation, fut la conquête et la pacification de la Corse (1768). Attaqué pour la seconde fois de la petite vérole, Louis XV, dont la constitution était ruinée par de nombreuses débauches, mourut dans sa soixante-cinquième année. A peine eut-il rendu le dernier soupir que son corps tomba en lambeaux. Ses obsèques, célébrées à la hâte, furent troublées par de sanglants outrages.

Après avoir signalé les fautes et les vices de ce roi, l'historien Gabourd rend hommage à quelques qualités qui le distinguaient et rappelle les faits qui ont atténué la honte de son règne, s'ils ne l'ont pas honoré. La douceur était le fond de son caractère. Jamais personne ne sortit mécontent de sa présence. Il avait un tendre attachement pour sa famille, dont il était aimé ; il l'était aussi de tous ceux qui étaient à son service, comme le meilleur des maîtres. Quoique doué d'un esprit médiocre, il surpassait les rois ses prédécesseurs par la variété et l'étendue de ses connaissances. La physique, l'astronomie, la géographie, la chimie et la plupart des arts libéraux furent l'objet de sa protection éclairée. Les sciences eurent à s'applaudir des encouragements qu'elles obtinrent de lui. Il envoya Maupertuis au pôle arctique, Lacondamine à l'équateur, d'autres savants à la Californie,

aux Philippines , en Sibérie , et ces missions eurent pour
résultat d'enrichir l'histoire naturelle et de perfectionner
la navigation. Il fit construire dans les provinces des
ponts, des chaussées et des grands chemins qui favorisèrent
le développement du commerce et de l'agriculture. L'histoire impartiale doit tenir compte à Louis XV de ces
améliorations et de ces progrès utiles. C'est bien assez
qu'elle se soit vue forcée de flétrir les mœurs et la faiblesse
de ce prince; il était juste qu'elle ne dissimulât point les
côtés honnêtes de son règne.

Je suis arrivé au règne de Louis XVI, qui n'était âgé
que de vingt ans quand il prit les rênes du gouvernement. Ce prince avait toutes les vertus de saint Louis ,
dit M. Gabourd , moins la fermeté , la prévoyance et la
force. Si la Providence l'avait fait naître dans une condition privée , on l'eût vu répandre la joie au sein de sa
famille , distribuer l'aumône aux pauvres et goûter le
bonheur tranquille du foyer domestique. Huit siècles plus
tôt, il eût été sur le trône l'émule de Robert-le-Pieux ;
mais les temps étaient bien changés. C'était par d'autres
vertus qu'il fallait conjurer l'orage et retenir la monarchie
sur le penchant de l'abîme.

Ces vertus, si nécessaires pour le moment, étaient précisément celles dont était privé le jeune monarque.

Une révolution était imminente et inévitable; il fallait
donc ou la prévenir en donnant des institutions au pays,
ou bien subir les conséquences d'une de ces grandes crises
politiques dans lesquelles les passions se déchaînent et
amènent des excès de la part de tous ceux qui s'engagent dans la lutte, les uns pour obtenir des réformes ,
les autres pour maintenir l'état de choses existant, c'est-à-
dire les abus. Il y avait des résistances opiniâtres à prévoir et à vaincre, des aspirations trop ardentes de liberté

Louis XVI
(1774-21 septem
1792).

et d'indépendance à modérer, et même à réprimer. La
tâche était difficile et au-dessus des forces du roi dont
la volonté, toujours dirigée vers le bien public et le bonheur de ses sujets, manquait de fermeté. Non seulement
il était nécessaire de réduire les parlements à n'être plus
que des corps judiciaires, mais encore d'abolir les priviléges de la noblesse et du clergé, devenus odieux et
intolérables, parce qu'ils blessaient les plus simples notions
de l'équité et du droit. De tous les points du royaume on
demandait (1) la contribution aux charges de l'Etat dans
la proportion de la fortune de chacun, la suppression des
droits féodaux, l'admissibilité de tous les Français aux
emplois civils et militaires, une constitution qui posât des
limites au pouvoir du souverain, afin de le mettre à l'abri
des erreurs et des écarts où jettent si souvent l'enivrement
de l'autorité absolue, les adulations des courtisans et les
séductions des favorites. Les exemples de ces calamités
publiques étaient bien récents ; les prodigalités de la cour
avaient épuisé le trésor de l'Etat. La dette s'élevait à un
milliard six cents millions et le déficit annuel à cent quarante milions. Le moyen d'éteindre l'une et de combler
l'autre était de créer de nouveaux impôts et surtout d'en
faire, ainsi que de ceux déjà existants, une juste répartition
entre toutes les classes de la société ; mais les corps privi-
légiés s'y opposaient avec la même ardeur et une égale
opiniâtreté.

Je ne dirai rien de plus sur le règne du malheureux
Louis XVI, qui ne fut qu'une transition violente pour

---

(1) Il est curieux de lire les cahiers qui furent remis aux députés
aux Etats généraux de 1789, et spécialement aux députés du tiers état,
dont il a été formé un recueil analytique auquel on renvoie le lecteur.

Ce recueil, sous le titre de *Résumé général* des cahiers, etc., est dû
à une société de gens de lettres et fut imprimé et publié en 1789.

arriver à un autre ordre de choses, à une autre forme de gouvernement, et qui n'entre pas dans le cadre que je me suis tracé. Tout ce qui précède ce règne est pour moi, et pour tout le monde sans doute, l'ancien régime ou le temps passé, par opposition au temps présent ou au nouveau régime que je me suis proposé de mettre en parallèle, entre lesquels j'ai voulu établir une comparaison, afin que le lecteur fût à même d'apprécier l'un et l'autre, et de juger dans le calme des passions quel est celui à qui la préférence est due.

J'ai esquissé ou copié, en l'abrégeant beaucoup, l'histoire de notre pays sous les deux dynasties des Carlovingiens et des Capétiens, et, si j'ai négligé de reproduire celle des règnes de quelques-uns de nos rois, je n'ai point dénaturé le mode de gouvernement auquel la France fut soumise, ni altéré la vérité qui ressort de l'ensemble des faits généraux.

Maintenant, je demanderai aux partisans de l'ancien régime à quelle époque ils voudraient nous faire rétrograder.

De tous nos rois, Charlemagne fut incontestablement le plus grand et le plus puissant ; Henri IV, le meilleur, le plus aimé de la nation ; Louis XIV, le plus magnifique, le plus fastueux, le plus absolu.

Quelque glorieux que fut le règne de Charlemagne, qui par ses victoires était parvenu à conquérir le titre d'empereur d'Occident, personne, assurément, je le pense du moins, ne voudrait aujourd'hui remonter jusqu'à lui. L'étendue du territoire d'un Etat n'est pas toujours une garantie de durée et de prospérité. Le vaste empire que ce monarque avait si péniblement constitué, s'écroula bientôt sous ses successeurs, et la France redevint aussi faible qu'elle avait été puissante. La féodalité fut plus tard une tentative d'organisation sociale, mais elle se transforma peu de temps après en une déplorable et épouvantable anarchie. Les seigneurs qui devaient être, à des degrés différents, les défenseurs du trône et les protecteurs de leurs vassaux, tournèrent très-souvent leurs armes contre le roi, leur suzerain, et furent les oppresseurs de ses sujets réduits en quelque sorte à la condition de serfs. On sait comment ces derniers étaient traités sous Henri Ier, lorsque la convention qu'on nomma *la paix du Seigneur* et plus tard *la trève de Dieu*, et qui n'était qu'une *police de guerre*, adoucit, sans y mettre un terme, les souffrances du peuple. Ce n'était, en effet, qu'une trève de quelques jours par semaine aux pillages et aux dévastations auxquels se livraient les seigneurs (1034).

Henri IV monta sur le trône après des guerres civiles, politiques et religieuses tout à la fois, qui avaient plongé la France dans la misère la plus affreuse. Ce prince, animé du désir de soulager le peuple et bien secondé par son ministre Sully, songea tout d'abord à mettre de l'ordre dans les finances, de l'économie dans les dépenses et à protéger l'agriculture, source de la véritable richesse des nations, ce que Sully exprimait par ces mots : *labourage et pasturage sont les deux mamelles dont la France est alimentée et les vrayes mines du Pérou.*

On n'a qu'un seul reproche à faire à Henri IV, c'est le déréglement de ses mœurs comme homme privé et le mauvais exemple donné, par cela même, à ses sujets.

Il avait conçu de grands projets qu'il allait tenter de mettre à exécution lorsqu'il fut assassiné. Ce bon roi, à part les faiblesses qu'on a déjà signalées, avait été en butte à la haine et aux vengeances *de l'esprit de parti*, et dix-sept fois on avait attenté à ses jours quand il tomba sous le poignard de Ravaillac.

Les regrets et la désolation du peuple, lorsque sa mort fut connue, sont la plus belle oraison funèbre qu'un roi puisse obtenir. De pareils faits, et tels qu'ils sont racontés par Péréfixe, sont plus éloquents que les discours préparés avec un grand art, mais qui ne sont presque jamais exempts d'exagération et de flatterie.

Le règne de Louis XIV fut très-brillant; mais il procura peu de bonheur et de bien-être à la nation (1). La génération contemporaine de ce prince donna à la France une foule d'hommes de génie qu'il sut distinguer, et à qui il sut aussi assigner les positions auxquelles ils étaient le plus aptes, quant aux fonctions publiques. Tous les artistes, tous les savants, toutes les illustrations littéraires, furent l'objet de sa royale protection et de sa munificence. La France s'enorgueillit et s'enorgueillira longtemps des chefs-d'œuvre que son règne nous a laissés; mais de longues guerres, des travaux gigantesques et d'une utilité contestable ou même tout à fait nulle, avaient imposé de lourdes charges à la partie de la population sur laquelle pesaient alors les impôts de toute nature, quoiqu'elle fût le moins en état de les supporter. A la fin de son règne, la dette publique s'élevait, comme on l'a vu, à deux milliards six cent millions (environ cinq milliards de notre monnaie actuelle). La magnificence et le faste de ce monarque avaient donc coûté bien cher à la nation. D'un autre côté, son despotisme et le scandale de sa vie privée avaient causé un mécontentement général, on peut dire de l'indignation et de l'exaspération qui se manifestèrent à sa mort, ou lors de ses obsèques, suivant ce que raconte l'historien Gabourd. Le mépris avec lequel il avait traité,

---

(1) Voir la lettre autographe de l'abbé de Fénélon à Louis XIV, publiée le 10 mai 1825 par M. Antoine-Augustin Renouard.

au début de l'exercice du pouvoir royal, le parlement de Paris ; le traité honteux qui mit fin à des guerres entreprises quelquefois bien légèrement, ainsi qu'il en fit lui-même l'aveu ; la double dévastation par le fer et par le feu du Palatinat ; la légitimation de ses enfants naturels et adultérins, imposée au parlement, dont on peut, avec raison, blâmer la faiblesse ; la révocation de l'édit de Nantes, les dragonnades qui en furent la suite, ont terni son règne ; lui ont imprimé des taches que rien ne peut effacer, qui ont préparé la révolution de 1789 et fatalement contribué, avec les désordres de Louis XV et de sa cour, au renversement du trône des Bourbons.

J'ai raconté d'une manière succincte les principaux faits de notre histoire, et plus particulièrement sous la dynastie Capétienne. Chacun peut juger et apprécier l'état de la France dans des temps déjà éloignés de nous. Il n'entre pas dans le sujet que je traite de reproduire toutes les péripéties de la grande crise politique de 1789.

Les passions, déjà fort excitées à son début par les événements antérieurs à cette époque, s'exaltèrent de plus en plus par les résistances à l'accomplissement des vœux de la généralité de la nation, et amenèrent des excès déplorables. C'est ce qui arrive toujours dans les dissensions civiles, et le passé en présente de nombreux exemples. On ne peut avoir oublié la Jacquerie, bien plus grave que son nom ne semble l'indiquer ; la lutte acharnée des Armagnacs et des Bourguignons, les guerres religieuses et politiques tout à la fois des protestants et des catholiques, celles de la Ligue, ayant les mêmes caractères ; les massacres de la Saint-Barthélemy, qui se seraient étendus sur la France entière si les ordres donnés avaient reçu partout leur exécution ; enfin, les dragonnades qui ensanglantèrent les Cévennes.

Que n'est-il possible de jeter un épais voile sur des scènes si affligeantes, si douloureuses, et de les ensevelir dans un éternel oubli !..... Que, du moins, elles soient d'utiles leçons pour la génération présente et pour celles qui la suivront !..... Puissent les Français, dont la patrie ne forme plus qu'un tout homogène, régi par les mêmes lois, sous un même souverain, s'unir aussi par les sentiments d'un véritable amour du bien public !..... Si nous abjurions nos vieilles querelles, les rivalités de races, les rancunes de l'esprit de parti, la France, qui occupe un rang si élevé parmi les peuples les plus civilisés du monde, grandirait encore en puissance et en prospérité.

Des institutions manquaient à l'ancienne monarchie; rien n'était plus équivoque ni plus incertain que ce que l'on désignait sous le nom de maximes fondamentales du royaume. Les remontrances des Parlements; les Etats généraux, qui n'étaient convoqués que selon le bon plaisir des princes régnants, qui étaient mal constitués et dont les décisions n'avaient rien d'obligatoire, ne pouvaient être et n'étaient réellement pas des *modérateurs* de l'autorité royale.

L'égalité devant la loi, soit qu'elle protège, soit qu'elle récompense ou qu'elle punisse, profite à tous et ne peut blesser personne. C'est une des grandes améliorations des temps modernes, de la Révolution de 1789, il faut le dire.

Sur les champs de bataille, les Français ont toujours montré la même valeur. « A la célèbre journée de Bou-
» vines, sous Philippe-Auguste, les légions de seize com-
» munes, dit M. Gabourd, et principalement celles de
» Corbie, d'Amiens, de Beauvais, de Compiègne et
» d'Arras, prouvèrent que le courage et le dévoûment
» étaient le partage du peuple aussi bien que de la

» noblesse. Chacun fit son devoir, et le roi fut le digne
» chef de son armée. »

L'opinion de l'historien, fondée sur les faits qu'il
raconte, est devenue une évidence pour tout le monde
depuis 1789 jusqu'à nos jours. Ce qu'on appelait autrefois
le tiers état, c'est-à-dire la presque totalité de la nation,
a donné à nos armées de terre et de mer d'illustres chefs
comme d'intrépides soldats et marins. Dans l'ordre civil,
il a fourni au pays des hommes d'Etat habiles, des
administrateurs pleins de zèle et d'une remarquable capacité; et comment en aurait-il été autrement? Tous les
hommes ne sont-ils pas issus de la même *souche*, du même
père? N'ont-ils pas été doués par le Créateur d'organes
et de facultés semblables? Le Pape Grégoire VII, que je
cite ici malgré l'exagération de ses idées et de ses doc-
trines, le ministre Colbert, le maréchal de France Fabert,
Chevert, Jean Bart, Duguay-Trouin, et tant d'autres
hommes justement célèbres, n'étaient pas sortis des classes
élevées de la société.

Il est bien regrettable sans doute, que la conquête des
droits qui sont la base de notre constitution actuelle, ait
été arrosée de tant de sang; mais sachons du moins
conserver des biens si chèrement achetés.

Tous les jours la religion nous rappelle que nous sommes
frères; ayons-en donc les sentiments, aimons-nous les uns
les autres suivant le précepte de Jésus-Christ. Efforçons-
nous de nous élever à la hauteur de sa divine doctrine,
et montrons-nous dignes de prononcer avec conviction
ces simples mais belles paroles qu'on adresse si souvent à
Dieu : *J'aime aussi mon prochain* comme moi-même *pour
l'amour de vous.* Moralisons autant qu'il est en nous ceux
qui s'écartent de la bonne voie, et tendons toujours la
main aux malheureux quels qu'ils soient; mais surtout à

ceux qu'une conduite régulière n'a pu préserver des rigueurs de la pauvreté ou qui ont été atteints par des infirmités. Soyons humbles dans la prospérité, dans la richesse, résignés dans l'adversité et toujours soumis aux lois de notre pays. N'imitons pas Caïn qui, dominé par un odieux sentiment de jalousie et de rivalité, immola son frère. Bannissons donc et repoussons bien loin de nous l'esprit de parti qui conduit inévitablement à la haine et au meurtre de nos semblables, de nos concitoyens, de nos amis, de nos parents, de nos frères, en un mot, parce qu'il est un ferment perpétuel de discordes civiles (1).

Je crois avoir suffisamment démontré, en présentant le tableau de l'ancien régime sous la dernière dynastie de nos rois, que nous n'avons rien à lui envier. En supposant, ou plutôt en admettant que les arts et les lettres soient moins florissants que sous le règne de Louis XIV, il faut reconnaître que les sciences, celles qui peuvent le plus contribuer au bonheur de tous les membres de la société, ont fait de grands progrès et qu'elles en font chaque jour.

De merveilleuses et récentes inventions peuvent changer la face de l'univers et devenir la source de bien des améliorations. La transmission de la pensée s'opère maintenant avec la rapidité de l'électricité qui en est l'agent, et les mers ne sont plus même un obstacle à ce mode de transmission; les navires mus par la vapeur, les chemins de fer, tout cela va établir des relations, des liens plus intimes entre les divers peuples et fait espérer que la paix règnera entre eux, et que cette paix, suivant le vœu du

---

(1) On dira que j'ai fait un sermon, et je me le suis dit aussi ; mais pourquoi ne rappellerait-on pas de bons principes, de bons enseignements, aussi longtemps qu'on ne les aura pas mis en pratique?

philantrope abbé de Saint-Pierre et du bon roi Henri IV,
pourra devenir permanente ou perpétuelle. La guerre, ce
fléau des nations, qui est un reste de barbarie comme le
duel, disparaîtrait donc et l'on ne verrait plus les hommes
se *ruer* les uns sur les autres ainsi que des bêtes féroces;
on ne s'ingénierait plus à inventer de nouveaux instru-
ments, de nouvelles machines, pour se détruire plus
promptement et en plus grand nombre (1).

De nos jours, le despotisme est devenu presqu'impossible. On peut prédire des malheurs et des catastrophes
au monarque, quelque nom qu'on lui donne, qui tenterait
d'y recourir. Le bien-être général est le but vers lequel
le chef d'un Etat doit diriger tous ses efforts, toute la
puissance de ses facultés. La prédilection qu'il témoignerait
à une classe ou à quelques classes de la population,
au détriment des autres, serait aussi injuste, aussi coupable que celle d'un père pour un ou quelques-uns de ses
enfants quand aucun d'eux n'a démérité.

Nos institutions, notre organisation politique et gou-
vernementale, ne sont sans doute pas aussi parfaites
qu'elles pourraient l'être; mais, telles qu'elles sont, elles
renferment des éléments de bonheur et de prospérité pour
toute la nation en général et pour chacun de ses membres
en particulier, et ce serait une grande témérité que de
les ébranler dans l'espoir incertain de les améliorer. On
doit marcher du moins avec bien de la sagesse dans la voie
du perfectionnement, si on ne veut pas tout compromettre.

(1) Ce qui se passe actuellement dans l'Ancien et dans le Nouveau-
Monde ne fait, hélas! guère présager la réalisation des vœux et des
espérances que je viens d'exprimer, et qui m'avaient été inspirés à
une autre époque. Je n'ai pas eu le courage de supprimer cet alinéa.
Puisse-t-il prendre, dans un avenir prochain, le caractère de vérité
que j'aurais voulu lui donner dès à présent!

Ce qu'un prince régnant a le plus à redouter, ce sont les adulateurs, qui cachent la vérité sous les fumées d'un encens dont le parfum est toujours enivrant. Pour obtenir des faveurs, ils prodiguent les éloges, applaudissent à tous les actes qui émanent du pouvoir, et presque toujours à ceux qui sont des atteintes aux lois et aux droits les plus sacrés des populations. L'adulation, ce poison des cours, pénètre insensiblement et trop souvent dans le cœur du monarque le plus éclairé et doué primitivement de la plus grande énergie de caractère; elle y dépose un germe de corruption qui le flétrit et entache quelquefois tout un règne. Au lieu des marques de respect, d'amour et de reconnaissance qui auraient éclaté à la mort d'un prince constamment animé du sentiment du bien public et observateur rigide des lois, et qui auraient couronné son nom comme d'une auréole de gloire, le cercueil du monarque qui s'est laissé entraîner à des abus de pouvoir, à des injustices, n'a pour cortége que la malédiction du peuple dont les droits n'ont pas été protégés et sauve-gardés ainsi qu'ils auraient dû l'être.

Un bon gouvernement, protecteur judicieux des sciences, des arts et des lettres, et qui s'applique en même temps à donner de l'essor à toutes les industries, des débouchés aux diverses productions du pays, de l'activité au com-merce, des encouragements surtout à l'agriculture qui alimente la population, est sûr de réunir les suffrages de la grande majorité de la nation ou même de la nation tout entière, et d'y puiser une force à l'épreuve des évé-nements les plus calamiteux.

La France a un vaste, beau et riche territoire; elle n'a pas besoin, comme l'Angleterre, de se créer, à grands frais, de nombreuses colonies pour y écouler le trop-plein de sa population ou des produits de ses fabriques et manufactures.

Si la paix devient, ainsi qu'on peut l'espérer, l'état normal de l'Europe, nous devrons donner de plus en plus tous nos soins à mettre en valeur les terres incultes qu'on rencontre encore dans la plupart de nos départements, à améliorer chaque jour aussi celles qui sont depuis long-temps déjà en état de production. L'agriculture fournit à l'homme toutes les choses de première nécessité, et conséquemment tout ce qui peut procurer une existence heureuse. Pour arriver là, pour fixer dans nos campagnes les classes laborieuses qui s'en éloignent, de manière à faire craindre que les bras n'y manquent bientôt, il faut y rendre faciles les voies de communication (1), décerner aux agriculteurs intelligents, actifs et de mœurs irréprochables, des récompenses pécuniaires et honorifiques. Dans le cas où on ne voudrait pas leur accorder la décoration de l'ordre de la Légion-d'Honneur, pourquoi ne créerait-on pas un ordre spécial pour ceux qui exercent la première des industries, puisqu'elle est la plus utile. On pourrait donner à cet ordre le nom du célèbre agriculteur romain, *Cincinnatus*, qui, investi deux fois du pouvoir le plus absolu, de la dictature, retourna modestement à sa charrue après avoir délivré sa patrie des ennemis qui l'envahissaient et qui étaient sur le point de s'en rendre maîtres. Tous nos paysans rivaliseraient de

(1) Le gouvernement de l'Empereur, on doit le reconnaître, s'occupe avec sollicitude des moyens de hâter la mise en valeur des marais et des terres incultes (voir les lois du 19 juin 1857 et du 16 juillet 1860), et aussi d'améliorer la voirie rurale, en venant par des subventions au secours des communes. Un décret du 15 octobre dernier, inséré au *Moniteur* du 22 du même mois, prescrit l'établissement de douze routes agricoles dans les départements du Loiret, du Cher et de Loir-et-Cher (Sologne). Espérons qu'on ne s'arrêtera pas là, et que les départements de l'ancienne province de Bretagne ne seront pas oubliés.

zèle et d'efforts pour se rendre dignes de la décoration de cet ordre qui aurait, comme tous les autres, sa hiérarchie de grades. Dans nos écoles primaires rurales, et presque toutes les communes en possèdent, les instituteurs dans les mains desquels on remettrait des ouvrages à la portée de leurs jeunes élèves inculqueraient, dans l'esprit et dans la mémoire de ceux-ci, les notions les plus élémentaires de l'agriculture.

Les riches propriétaires prendraient goût eux-mêmes aux travaux des champs (beaucoup déjà s'y livrent), et par leurs bons exemples hâteraient les progrès de l'agriculture, trop négligée jusqu'à présent dans une grande partie de la France. Ce serait aussi le plus sûr moyen d'opérer un rapprochement entre toutes les nuances d'opinions qui divisent ses habitants, d'anéantir ou au moins de tempérer l'esprit de parti, et d'atteindre le but vers lequel tendent tous mes vœux et mes faibles efforts. N'a-t-on pas déjà remarqué que, dans les comices et les sociétés d'agriculture, les sentiments politiques, les rivalités de classes ou de races s'effaçaient devant l'intérêt commun que ces associations ont en vue, qui est l'objet de leurs travaux? Il en est de même dans notre armée, la plus belle et la meilleure des temps modernes, où l'honneur national domine et fait battre les cœurs de tous, soldats et officiers, quelles que soient leur origine ou leur position sociale; et ce que je dis de l'armée de terre est également vrai pour l'armée de mer.

La France est *une* aujourd'hui, et son *unification* ne s'est accomplie qu'après plusieurs siècles de luttes intestines : pourquoi n'arriverions-nous pas à l'unité d'opinion politique?

Je finirai donc cet opuscule comme je l'ai commencé, en invitant tous les Français à se donner la main, à s'aimer, et, pour cela, à oublier tout ce qui, dans le passé, pourrait entretenir ou faire revivre les dissidences, les haines, ou seulement la mésintelligence entre eux.

J'ajouterai encore à tout ce qui précède une vérité dont chacun devrait être bien convaincu, c'est qu'au temps où nous sommes parvenus, les hommes n'ont de valeur que par eux-mêmes, en d'autres termes, que par leur mérite personnel. Une origine plus ou moins illustre ne doit être qu'un stimulant, qu'un aiguillon pour ne pas déchoir dans l'opinion publique, pour tenter d'égaler ou même de surpasser de nobles aïeux, qui auraient acquis leur célébrité dans les sciences, dans les arts, dans les lettres, par des actions d'éclat, par de grands services rendus à leur pays. Cela doit faire comprendre que maintenant, en France, l'hérédité de la noblesse est un non-sens, une chimère. Il n'y a plus et il ne peut y avoir de véritable aristocratie que celle qui est fondée sur la prééminence des vertus, du génie, du savoir ou du talent, surtout quand on en fait l'application à ce qui peut le plus contribuer au bonheur général (1).

(1) Boileau, satire 5, dédiée à M. le marquis de Dangeau.

Extirper l'orgueil du cœur humain n'est pas chose facile. C'est le plus capital des péchés capitaux ; c'est aussi le péché *originel*. Il a perdu nos premiers parents, il a précipité des esprits célestes dans la profondeur des ténèbres. S'il n'est pas possible de le dompter entièrement, il faut, du moins, avoir le courage de le combattre pour en atténuer les funestes effets.

D. CAGON,

Conseiller honoraire à la Cour Impériale de Rennes.